AF600968

56

HENRY HOUSSAYE

VOYAGE AUTOUR DU MONDE

A L'EXPOSITION UNIVERSELLE

EXTRAIT DE LA *REVUE DES DEUX MONDES*

LIVRAISONS DES 15 JUILLET ET 15 AOUT 1878

PARIS

IMPRIMERIE A. QUANTIN

ANCIENNE MAISON J. CLAYE

RUE SAINT-BENOIT

1878

VOYAGE

AUTOUR DU MONDE

A L'EXPOSITION UNIVERSELLE

8° G
586

A la Librairie académique DIDIER et chez CALMANN LÉVY

HENRY HOUSSAYE

HISTOIRE D'ALCIBIADE

ET DE LA RÉPUBLIQUE ATHÉNIENNE

DEPUIS LA MORT DE PÉRICLÈS JUSQU'A L'AVÈNEMENT DES TRENTE TYRANS

Ouvrage couronné par l'Académie française

PRIX THIERS

4e édition. — 2 volumes.

APELLES ET LA PEINTURE GRECQUE

3e édition. — 1 volume.

LE PREMIER SIÈGE DE PARIS

AN 52 AVANT L'ÈRE CHRÉTIENNE

1 volume — (Épuisé).

ATHÈNES, ROME, PARIS

L'HISTOIRE ET LES MŒURS, D'APRÈS NATURE

1 volume.

EN PRÉPARATION

HISTOIRE DE LA CONQUÊTE DE LA GRÈCE

PAR LES ROMAINS

4 volumes.

L'ART ANTIQUE ET L'ART MODERNE

1 volume.

HENRY HOUSSAYE

BIBLIOTHÈQUE NATIONALE RF IMPRIMÉS

VOYAGE AUTOUR DU MONDE

A L'EXPOSITION UNIVERSELLE

75086

EXTRAIT DE LA *REVUE DES DEUX MONDES*
LIVRAISONS DES 15 JUILLET ET 15 AOUT 1878

PARIS
IMPRIMERIE A. QUANTIN
ANCIENNE MAISON J. CLAYE
RUE SAINT-BENOIT
1878

VOYAGE
AUTOUR DU MONDE
A L'EXPOSITION UNIVERSELLE

I.

LES DEUX AMÉRIQUES, L'OCÉANIE, L'ASIE, L'AFRIQUE, L'EUROPE ORIENTALE.

Les expositions universelles ont singulièrement simplifié les voyages autour du monde. Au Champ de Mars, il faut à peine une demi-journée pour parcourir le monde habité. Quand on a quitté depuis une heure le pavillon de la ville de Paris, on se retrouve en France, en face du chalet de l'exploitation forestière, après avoir passé devant les izbas russes, les pagodes chinoises, les maisonnettes japonaises, les kiosques siamois, les huttes javanaises, les bazars tunisiens et les mosquées algériennes. On a vu tous les types d'architecture, toutes les variétés de costumes, tous les spécimens des produits naturels, toutes les œuvres de l'art et de l'industrie. On a pu, avec un estomac complaisant, goûter à tous les mets nationaux, depuis la *olla podrida* espagnole jusqu'au pilau turc, à toutes les boissons exotiques, depuis le *chianti* de Florence et le tokay de Hongrie jusqu'au koumiss de Russie et au schidam hollandais. On a pu même, si on est quelque peu polyglotte, converser dans leur langue avec les naturels des pays visités, artilleur espagnol, fantassin grec, dragon suédois, moujik russe, marchand chinois, commis japonais, mécanicien anglais, violoniste tzigane, guitariste marocain, cabaretière frisonne, *bar-maid* américaine. Un tel voyage n'est-il pas plus intéressant, plus varié, plus fructueux que celui de cet Anglais légendaire qui, parti pour un voyage de circumnavigation, mais ayant trouvé à la première escale la nourriture du pays inférieure à la table du bord, n'était plus descendu à terre que de retour à Liverpool?

C'est ce voyage rapide et varié que nous allons entreprendre. Nous nous embarquerons au Havre, sur un de ces magnifiques paquebots transatlantiques, aménagés avec tant de luxe et de confort, dont l'exposition nous montre les modèles, et nous débarquerons dans quelque ville du Nouveau-Continent. Quand nous aurons parcouru les deux Amériques, l'Océanie, les vastes contrées de l'Asie et la côte d'Afrique, — l'empire de Russie, dont l'aigle à deux têtes symbolise la double souveraineté européenne et asiatique, nous servira de transition entre l'Orient et l'Occident, entre l'art des vieilles civilisations et l'art des nations modernes. Nous irons alors aux quatre coins de l'Europe, et la France, qui, étant ici chez elle, doit passer la dernière, marquera le terme de notre voyage. D'ailleurs, durant ce long trajet, à l'occasion d'une analogie ou d'une différence dans la manière de concevoir une décoration ou de travailler un métal, nous parlerons souvent de la France; nous n'oublierons point les leçons de son art et de son industrie, et son souvenir ne nous quittera pas. Ainsi les navires qui voguent par les mers lointaines portent à leur grand mât la flamme française, ainsi le voyageur porte en lui la pensée de la France.

I.

On sait que chaque pays qui occupe une place dans le vaste quadrilatère de fer et de verre du Champ de Mars s'est construit une façade spéciale, empruntée à son architecture nationale. C'est cette suite de façades qui se développent le long de la grande avenue de droite qu'on a nommée l'Allée des Nations. Nous pensons que l'idée qui a présidé à la décoration architectonique de cette allée était que chaque pays y reproduisît le type de son architecture nationale privée, ancienne ou moderne. Ce programme fécond et original n'a été suivi que par quelques états européens et par les pays orientaux. Les autres nations s'en sont plus ou moins écartées, soit en s'inspirant servilement du style italien de la renaissance, soit en composant des façades en habits d'arlequin où le style de tous les pays et de toutes les époques est représenté, soit encore en reproduisant les types non de leur architecture privée, mais de leur architecture monumentale. Que signifient par exemple la rutilante façade de l'Alhambra et le porche monumental du couvent de Belem, tout brodé de sculptures, à côté d'un manoir anglais, d'une izba russe, d'un chalet de paysans norvégiens, d'une maison hollandaise du XVIe siècle? Il semble qu'il y avait à copier dans les ruelles étroites de Tolède et de Grenade et dans les rues de Lisbonne des types d'architecture d'un moins somptueux aspect, mais d'un intérêt plus sérieux. On ne juge que par comparaison ; or quelle comparaison établir entre une église et une maison? C'est comme si on mettait sous une même vitrine la redingote noire d'un Français et la chasuble raide d'or d'un pope moscovite et qu'on voulût par là comparer les costumes de la Russie et de la France. De plus, les monumens tels que les mosquées hispano-arabes et les cathédrales portugaises sont pour ainsi dire classiques; la représentation en a été multipliée par la gravure et la photographie : ils ne peuvent que perdre à être ainsi exposés dans des proportions réduites et hors du cadre qui leur convient. Transportez Notre-Dame sur l'Acropole et le Parthénon au milieu de la place de la Concorde, et ces édifices, qui auront les mêmes formes et les mêmes proportions, n'auront plus le même effet. Sous peine de lui faire perdre son caractère, on ne peut détacher un monument du milieu topographique et climatologique où il a été construit et qui l'a inspiré. On sait quelle impression pitoyable produit au *Cristal Palace* de Londres la reproduction exacte des plus beaux monumens de l'architecture.

A défaut d'une façade, le Canada a élevé un trophée colossal avec ses bois d'essences variées, noyer noir, bouleau, gommier rose marbré, érable, pin Weymouth aux stries sanglantes, palissandre doré, nélicia veiné de violet. C'est une sorte de tour à plates-formes superposées où l'on accède par un escalier en spirale. La charpente de l'édifice disparaît sous les pelleteries, peaux d'ours, de daim, de loup, de renard et d'élan, les armes de guerre et de chasse et les engins de pêche qui forment une décoration sévère et originale. Dans la salle occupée par les états canadiens, on retrouve ces bois et ces laines sous une nouvelle forme ; l'industrie les a transformés en meubles de toute sorte et en épaisses étoffes.

Les États-Unis n'ont point d'architecture; on s'en aperçoit. La façade de l'Union est plate comme un mur de hangar. Aucun relief, dans les chambranles des baies cintrées; pas le moindre pilastre, pas le moindre balcon, pas le moindre entablement qui fasse saillie. Et que dire du belvédère à la chinoise, en bois découpé, qui surmonte cette banale construction? Ajoutez à cela que les couches café au lait alternant avec les couches chocolat dont elle est badigeonnée ne sont pas faites pour en relever la vulgaire insignifiance. L'intérieur de cette section vaut mieux que l'extérieur. On s'imagine peut-être que l'industrie américaine se borne à des machines à coudre, à des revolvers de tout calibre, à des carabines à répétition et à des faux-cols de papier. Il y a en effet beaucoup de ces objets qui prouvent à quel prix les Yankees estiment le temps, puisqu'ils remplacent le lent travail de l'homme par le travail rapide de la mécanique et qu'ils savent abréger les trop longues discussions par l'argument péremptoire du revolver. Mais il y a aussi des spécimens nombreux d'autres industries qui témoignent du goût dans l'invention et de l'habileté dans l'exécution. L'influence anglaise y est d'ailleurs manifeste. Ce sont des bahuts d'ébène de style renaissance, des tables de marqueterie où se mêlent les essences rares, érable, citronnier, amarante, des fauteuils à bascule, à siège canné et à monture de bois tourné, des livres d'un beau type d'impression et d'un tirage bien égal, des reliures de maroquin à mosaïques et à petits-fers ou de vélin blanc à filets. On aimera moins ces petites orgues de chêne à tuyaux apparens peints en bleu perruquier. Mais où les Américains excellent, c'est dans l'orfévrerie de table. Ces surtouts, ces coupes, ces aiguières, ces gobelets d'argent repoussé, ciselé, guilloché, sont remarquables par le choix des formes et la pureté du travail. Nous admirons plus encore ces couverts et ces manches de couteaux où courent de délicates nielles d'or, et où s'incrustent de gracieux médaillons. Tous ces motifs sont empruntés aux décors japonais. On ne ferait pas mieux à Paris, pas même à Yédo!

La galerie des machines ne nous regarde point, et nous en sommes fort heureux, car cette espèce de cité dolente nous inspire une certaine terreur. Le bruit des roues, le tic-tac des balanciers, les hans des pistons, les claquemens des laminoirs, les frôlemens des lanières, les sifflemens de la vapeur font un charivari infernal où l'on croit entendre des gémissemens de damnés au milieu desquels monte parfois comme une prière la grande voix des orgues. Cependant nous nous risquerons à traverser cette galerie pour aller voir dans le pavillon annexe des États-Unis ces *drawing-room cars* et ces *sleeping-cars*, si vastes et si commodément aménagés, véritables maisons roulantes. La longueur des voyages sur le continent américain, où on est parfois huit jours et huit nuits sans descendre de wagon, motive cette confortable installation; il y aurait déraison à l'exiger sur la ligne de Paris à Versailles. Regardons aussi ces « faucheuses » et ces « moissonneuses » à deux roues et à siège surélevé, auxquelles on attelle un couple de chevaux qui les traînent au grand trot. Elles sont peintes en rouge, rechampies de blanc et d'or; la forme en est étrange et gracieuse. A voir ces singuliers véhicules ainsi brillans et ornés, garnis de leur paire de faux, on dirait les chars de guerre de la Grèce antique.

Les huit ou dix républiques de l'Amérique centrale et de l'Amérique du sud, qui bon an mal an font chacune leur petite révolution annuelle, se sont réunies pour tenter une révolution en architecture. Elles n'y ont point réussi, la matière architectonique étant, paraît-il, moins « ondoyante et diverse » que la matière électorale. C'est un amalgame de tous les styles. Une balustrade Louis XIV couronne une galerie de bois vitrée qui surplombe trois arcades en plein cintre. A gauche monte une tour quadrangulaire surmontée d'un belvédère en forme de kiosque; à droite s'élève un autre corps de bâtiment, percé de fenêtres à chambranles renaissance et d'œils-de-bœuf Louis XV. On doit avouer que cette façade compliquée et cherchée a plus d'effet et de grâce que la façade de l'Amérique du nord, mais ce n'est pas en faire un bien vif éloge. Il semble que la commission de l'Amérique centrale eût pu prendre pour sa façade un type d'architecture nationale, comme l'ont fait quelques états pour la décoration de leur subdivision. La reproduction des lourdes constructions des Incas avec leurs profils massifs, leurs larges architraves, leur ordonnance pyramidale, leurs grossières figures en intaille, ou même celle des chalets du Nicaragua, faits de bambous et de roseaux, eût sans doute été moins intéressante aux yeux des personnes qui vont chercher dans l'Allée des Nations des modèles de villas pour le bord de la mer, mais elle eût eu une plus grande valeur d'art et de curiosité.

L'exposition de l'Amérique centrale n'est riche ni au point de vue du progrès des industries importées d'Europe, ni au point de vue du caractère des industries nationales. Chacun de ces états occupe une petite salle de quelques mètres carrés, dont les pelleteries, les denrées coloniales, les collections de paléontologie, de botanique, de minéralogie et d'ornithologie tiennent à peu près toute la place. La république argentine expose en outre des meubles de bois de rose qui prouvent que la matière n'est rien si elle n'est fécondée par l'art, et des cadres de chêne blanc qui témoignent pourtant de l'aptitude des Argentins à sculpter le bois. Ce sont des bordures extrêmement travaillées, perforées à jour par le ciseau et fouillées comme des sculptures en noix de coco, qui figurent des oiseaux, des fleurs et des dragons. Au Pérou, il y a des tables et des coffrets de bois de fer, ramagés d'incrustations de nacre, des armoires entièrement recouvertes de plaques de nacre, des poteries vernissées, de style étrusque. L'exposition du Nicaragua se borne à des hamacs et à des nattes de paille tressée ; celle de la Bolivie à des échantillons de minerais et de pelleteries ; celle du Venezuela à des cigares, à des vins et à de frêles corbeilles d'*estropajo* ; celle du Mexique enfin à des tablettes d'onyx et à de petites boîtes cu-luminées, d'un aspect barbare et primitif des plus réjouissants. La république de San-Salvador range sous ses vitrines de riches selles de cuir repoussé et découpé et des écharpes de soie et de laine rayées de mille couleurs. Il faut s'arrêter en traversant le Guatemala devant une ravissante collection de fleurs artificielles en plumes d'oiseaux-mouches, d'une légèreté et d'un éclat incomparables, et devant des chapeaux, des corbeilles, des porte-cigares et autres menus objets en paille tressée, d'une finesse extraordinaire ; la trame de la toile n'est pas plus serrée, la soie n'est ni plus unie, ni plus lisse. On lit dans quelque conte qu'une fée venait chaque nuit faire la tâche d'une jeune et infortunée princesse à laquelle une méchante sorcière avait imposé de tisser une énorme quantité de lin. Cette fée, depuis longtemps sans emploi en Europe, s'est décidée à émigrer dans l'Amérique centrale, et c'est elle qui tresse ces miraculeux tissus de paille, tandis que les ouvriers du Guatemala se croisent les bras à journées longues. Voyons la Guyane et les îles de Cayenne, de la Guadeloupe et de la Martinique dans l'exposition des colonies françaises, dont les salles ont en guise de portières de vastes filets de pêche d'un aspect gracieux et original. Il y a là des fleurs en plumes, des poteries rouges vernissées d'un travail très primitif, et qui ont pourtant un faux air de poteries grecques avec moins d'élégance dans la forme, des costumes de négresses et de mulâtresses, de métisses et de quarteronnes où dominent naturellement les nuances les plus tendres, le rose, le bleu de ciel, le jaune serin, des nattes et des corbeilles de pailles de couleur, des zagaies, des arcs, des boucliers faits de l'écaille d'une tortue, et autres armes caraïbes. Aux angles de la pièce se tiennent de farouches mannequins de guerriers indigènes : un Roucouyenne vêtu d'une robe à manches en fibres de plantes, la tête couronnée d'un diadème de plumes multicolores, et un soldat du Fonta portant une blouse bleue brodée, un chapeau de paille et un fusil à silex. La république de l'Uruguay réserve une douce surprise aux économistes et aux utilitaires. Au milieu de couteaux d'argent massif ornés de ciselures barbares et de manteaux de laines fauves à raies rouges et bleues d'une sauvage harmonie de ton, ne voilà-t-il pas une machine à coudre, bien authentiquement fabriquée à Montevideo !

Hâtons-nous donc de traverser le Pacifique pour aller voir un peu de couleur locale en Océanie et en Asie pendant qu'il en reste encore. Le temps presse, à en juger par ces jeunes Japonais qui parcourent le Champ de Mars vêtus à la dernière mode européenne, par les statistiques du commerce anglais, qui affirment que les manufactures de Manchester exportent annuellement dans l'Inde — l'Inde, le pays de l'indienne! — pour près de 20 millions de livres sterling d'étoffes de coton, enfin par l'exposition des colonies anglaises de l'Australie, où on ne trouve que des produits agricoles et métallurgiques et des instrumens perfectionnés. Quelques idoles, qui n'ont plus d'idolâtres, sculptées en chêne, et de gros œufs d'émeu, verts et grenus comme du maroquin, montés en argent ciselé, sont les seuls objets pittoresques et originaux de ces sections. Si l'Australie anglaise est trop civilisée pour être pittoresque, les îles françaises de l'Océanie sont trop sauvages. Les Taïtiens et les Canaques en sont encore à l'état rudimentaire des contemporains de l'âge de la pierre. Quelques arcs, quelques casse-têtes de bois, une case construite avec de la boue et du chaume en forme de ruche d'abeille, à ceci se borne l'industrie des naturels des îles Gambier et de la Nouvelle-Calédonie. Pas de costumes, ces personnages ayant l'économique habitude d'aller tout nus.

Il n'y a qu'un bras de mer entre le continent australien et les îles de Java et de Bornéo, et cependant là c'est déjà la civilisation rectiligne du présent, ici c'est encore la civilisation touffue, étrange, somptueuse et extravagante du passé. Presqu'à égale distance du Japon, de la Chine et de l'Hindoustan, l'archipel malais reflète dans son art et dans son industrie la triple influence des Japonais, des Chinois et des Indiens. Ses maisons, ses pagodes, ses temples, ses huttes lacustres surélevées sur pilotis, affectent les formes de l'architecture chinoise : toits retroussés à silhouettes aiguës, minces colonnettes supportant des charpentes découpées à jour, figures et ornemens bizarres suspendus aux larmiers, ensemble de lignes horizontales, verticales et diagonales se coupant à angles droits; mais par la sobriété des tons et le peu de valeur des matériaux, les constructions malaises se rapprochent de celles du Japon. Ce ne sont pas les tours de porcelaine, les appliques de faïences rutilantes, les chimères et les dragons d'or se tordant autour des colonnes ou courant le long des frises, les charpentes peintes en rouge vif, les toits de tuiles ou d'ardoises, des villes chinoises. Ce sont, comme au Japon, des cloisons de bois naturel, des ornemens de bambous, des toits couverts de chaume ou de roseaux. Java emprunte à l'Inde ses menus bijoux de filigrane d'argent, ses étoffes de perles de verre, ses soies et ses laines brochées d'or, mais il y a moins de surcharge dans le décor, moins d'éclat dans la couleur. D'ailleurs l'idéal de l'art malais semble le même que celui des sorcières de Macbeth : « le beau est dans l'horrible. » La Malaisie imprime à tout ce qu'elle touche un caractère spécial d'horreur et de férocité. Des calmes dieux de l'Inde, elle fait des monstres furieux; elle arme leurs cent bras de glaives homicides et de torches incendiaires, elle orne leurs mitres de têtes coupées, elle convulse leurs faces cuivrées et tord leurs silhouettes en de sauvages contorsions. Les yeux peints en rouge roulent terribles dans leur orbite, les bouches démesurées, garnies d'une double rangée de crocs aigus, s'ouvrent jusqu'aux oreilles. La collection des idoles de Java est la plus épouvantable vision de monstres, de spectres et de croquemitaines qu'il soit possible d'imaginer. Les armes malaises n'ont pas un caractère de hideur et de férocité moins accentué. Ces kriss dentelés en scie, ces informes casse-têtes de bois de fer, ces flèches barbelées, ces fers de lance ondulant en flamme ou s'arrondissant en serpe, ces fourches, dont une branche est une doloire et l'autre un grappin, ces tridens terminés par des dents de requin, ces poignards pareils à des rasoirs et ces zagaies semblables à des faux composent plutôt un attirail de torture qu'une panoplie de guerre. Ce n'est point la richesse, la somptuosité et la forme gracieuse des sabres orientaux; c'est encore moins la belle simplicité et l'aspect de vaillance et de loyauté des épées occidentales. On pense, en voyant ces armes, aux guet-apens, aux massacres, aux surprises nocturnes, aux égorgemens furtifs, aux sinistres boucheries, et non aux batailles valeureuses.

II.

Le Céleste-Empire est une vieille connaissance; au contraire on ne connaît le Japon que depuis peu d'années. On est encore sous l'influence de la révélation. Il s'ensuit de là que chacun s'enthousiasme pour l'art japonais et n'a que du mépris pour l'art chinois. On répéterait volontiers aujourd'hui devant tous les produits de la Chine le mot de Louis XIV : « Otez-moi ces magots. » Il y a là quelque injustice. Parce que l'art japonais est un art plus accompli, faut-il pour cela condamner en masse tout l'art chinois? Proscrire n'est pas juger. Chacun de ces deux arts a ses mérites propres. L'art chinois est plus décoratif, l'art japonais est plus intime. Il y a plus d'effet, plus de somptuosité, plus d'éclat, et aussi plus de clinquant en Chine; il y a plus de goût, plus d'imprévu, plus de variété au Japon. Les Japonais ne poussent pas tout au monstrueux et au chimérique. On sent que leur art s'est nourri de l'étude de la nature et qu'il a progressé, abandonnant graduellement les poncifs dont n'ont pas su s'affranchir les Chinois. Ceux-ci cependant ne méritent pas tant de dédain et de moqueries. Ils ont créé unearchitecture étrange, bizarre, mais typique et originale, que les Japonais n'ont fait qu'imiter dans leurs pagodes et leurs palais. Pour l'architecture privée des Japonais, peut-on donner le nom d'architecture à ces cabanes de sapin à toitures de chaume et à ces clôtures de bambous que relèvent seulement des portes de bois massif aux panneaux artistement travaillés à jour? Dans la porcelaine ancienne, que ses riches décors et ses vives couleurs feront toujours admirer, on ne sait qui l'emporte des Chinois ou des Japonais; dans la porcelaine moderne, les Japonais ne réussissent guère mieux que les Chinois. Les craquelés céladon et les émaux cloisonnés bleus, à bouquets de fleurs et à animaux chimériques, exportés par Canton et Shanghaï, valent bien ceux qu'on fabrique à Yédo et à Yokohama. Dans les étoffes, les soies pourpres, écarlates, turquoise, émeraude, à arabesques d'or ou à figures brodées en relief, il semble que les Chinois trouvent des tons plus brillans, des oppositions plus vives, des chatoiemens plus lumineux. Pour le mobilier proprement dit, il n'y a même pas rivalité entre les deux peuples. Voyez, dans la section chinoise, cet ameublement complet de bois peint en rouge, surchargé de sculptures dorées, et recouvert de satin écarlate où sont brodés des personnages aux longues robes multicolores; rien n'y est comparable à l'exposition japonaise, comme richesse, comme somptuosité et comme éclat. C'est le style Louis XIV de l'extrême Orient! Mais où les Japonais sont supérieurs, c'est dans les ouvrages qui touchent à l'art et dans les mille objets qu'on doit regarder de près : grands paravens laqués à incrustations de jade, de bronze, de bois précieux ou à panneaux rapportés, représentant des figures de guerriers qui brandissent leurs deux sabres ou de jeunes filles qui jouent de l'éventail, consoles et brûle-parfums de bronze ciselé dignes des maîtres de la renaissance italienne, petites boîtes en laque d'or valant plus que leur pesant d'or, figurines d'ivoire d'un travail exquis auprès desquelles les miracles de patience des Chinois semblent art de sauvages. Et les albums gravés! Quel éclat dans ces couleurs, quelle ingénieuse variété dans ces compositions, quelle coquetterie dans ces figures de femmes, quelle allure et quelle férocité dans ces types de guerriers! Les informes silhouettes que les Chinois peignent sur paille de riz ou brodent en soie sur étoffe ne sont ni du même art, ni de la même humanité. On pourrait dire qu'il y a dans l'art chinois quelque chose de la patience, de l'effet et de la magnificence de l'art égyptien, et dans l'art japonais un peu de la grâce, du mouvement et de la liberté de l'art grec. Mais, il est bon de le répéter par ces temps de fanatisme japonais, l'art chinois et l'art japonais n'ont aucune idée du beau, ils sont aussi loin de la grandeur de l'art égyptien et de la beauté de l'art grec que la Vénus hottentote est loin de la Vénus de Milo.

Les trésors et les féeries de l'Inde apparaissent à nos yeux éblouis dans la merveilleuse collection que le prince de Galles a rapportée de son voyage à la presqu'île du Gange. Ce n'est point un musée qu'il faudrait pour loger ces objets, qui sont des joyaux, mais un gigantesque écrin. Étoffes, bijoux, armes, vaisselle, harnachemens, coffres, éventails, tout cela forme comme une plaine de pourpre et d'azur où coulent des rivières d'or et d'argent, où ruissellent des cascades de perles, et où montent, étincelantes gouttes de rosée diaprées par le soleil, les diamans, les rubis, les émeraudes, les topazes et les améthystes. Le velours et la soie disparaissent sous les capricieux enchevêtremens des broderies d'or, l'or pâlit à l'éclat des pierreries qui le constellent. Sous cette vitrine brillent les orfèvreries de vermeil, les vases de bronze incrusté d'argent, les boîtes à bétel en or ciselé, les houkas couverts de pierres fines, les pendans d'oreilles et les colliers formés de griffes de tigres, les éventails et les houssines à manches d'émail. Là est appendue la garde-robe des rajahs, des maharajahs et des nababs, robes de brocart d'or et d'argent, écharpes de soie brochée, châles de Cachemir d'une chaude harmonie ; ici est rangé leur arsenal, sabres à fourreaux de peluche et de soie, à petites poignées d'or niellé, de jade vert, de cristal de roche, d'ivoire ramagé d'or, faites pour des mains d'enfans, haches d'armes incrustées d'or avec manche d'or ciselé, bouclier en écaille de tortue à bossettes de diamans et à bordures de perles fines, casques d'acier vermiculé d'or surmontés de panaches de filigranes d'or, lances et pertuisanes à hampes d'ivoire et d'émail. Ce sont encore des cornes de bison montées en or ou en argent, des boîtes de Bénarès en ivoire incrusté, des coffrets de Surate en bois de santal sculpté, des cassettes de Cachemir en papier mâché, à petits dessins de mille couleurs imitant le point des tissus, des éventails de brocart, des harnais d'éléphans brodés d'or, des housses de palanquins et des tapis de prière où s'entrelacent sur le velours les arabesques d'or et de perles. Chaque objet est un rayon de soleil. Et qu'on ne s'imagine pas que la richesse de la matière supplée au travail de l'ouvrier. Tout est brodé, sculpté, ciselé, taillé, ouvragé avec la perfection des plus beaux châles de Cachemir. Au centre de la galerie des Indes s'élève un édifice d'une architecture étrange, où on retrouve le style chinois et le style arabe. Construit en bois rouge et noir découpé et sculpté, il se couronne de huit coupoles bulbeuses de cuivre poli. C'est un palais indien auquel il ne manque que le cadre : la végétation touffue des jungles, les grands horizons des Montagnes-Bleues et l'ardent soleil de l'Hindoustan.

Si curieuse et si riche qu'elle soit en étoffes, en meubles, en bijoux, en armes, l'exposition de l'Inde française ne mérite qu'un regard quand on vient de voir les Indes anglaises dans la collection du prince de Galles. On dirait quelque musée de province annexé au Louvre ou aux Offices.

On entre en Indo-Chine par une large porte qu'abrite un toit de tuiles vertes à forte projection et que couronne un fronton à contours extravagans, plus aigus et plus compliqués que les ramures d'un cerf dix cors. La fantaisie chinoise est dépassée. A côté de ce curieux spécimen de l'architecture annamite, s'élève le pavillon siamois, construit en chêne découpé à incrustations de nacre, et surmonté d'un toit de pagode à triple étage. Que le royaume de Siam fabrique ces meubles rouges couverts de figurines sculptées en haut-relief et dorées, ces tuniques transparentes comme de la gaze, tissées tout en fils d'or, ces bronzes niellés d'argent, ces coffrets incrustés de nacre, ces masques comiques ou féroces à tiares dorées, ces armes ciselées et ces porcelaines à riches décors, cela ne peut étonner. Siam touche à l'est à la Chine, à l'ouest à l'Inde, l'industrie siamoise procède donc de l'art chinois et de l'art hindou. Mais ce qui est moins explicable, c'est l'influence orientale, levantine, arabe, visible dans ces tapis, compliqués et harmonieux comme les tissus de Smyrne, dans ces tentes de laine tatouées de morceaux de soie rapportés, dans ces coupes, ces gobelets, ces plateaux de cuivre de formes et de travail analogues aux ouvrages des Marocains. L'empire d'Annam, voisin du royame de Siam, présente le même problème. Ces meubles d'ébène et de bois de fer à incrustations de nacre, ces étincelantes soieries rouges brodées d'or ou ramagées de méandres de soie bleu turquoise, ces figurines de jade, ces microscopiques tasses délicatement creusées dans l'écaille, sont des souvenirs ou des leçons de l'Inde et de la Chine. Mais quel est le Smyrniote ou le Tunisien qui s'est risqué, il y a de longs siècles, à traverser l'Arabie déserte et la Mer des Indes pour aller apprendre aux Annamites à faire des tapis turcs? La domination française n'a point enlevé à l'industrie de la Cochinchine son caractère de richesse. Ce sont, comme dans l'empire d'Annam, des meubles à applications de nacre et d'ivoire, de brillantes étoffes brodées d'or, des sculptures en bois dignes des Japonais, des brûle-parfums de bronze, des bijoux pavés de pierreries. Ces pieds d'éléphant et de rhinocéros montés en coupes sont une originale invention. Mais le XVIIIe siècle français était plus galant quand il inventait le bol-sein pour la laiterie de Trianon.

Les frontières de la Perse sont marquées à l'exposition par une petite tour verte décorée de fleurs et d'arabesques, où s'ouvrent en ogives deux fenêtres superposées. La Perse, que les déserts de l'Afghanistan séparent seuls des contrées de l'extrême Orient, contraste singulièrement avec ces pays. Ce n'est plus l'art confus, monstrueux, effréné, affolé de splendeur et de magnificence du panthéon indochinois; c'est l'art plus simple, plus contenu et plus pur de l'Islam. Mais si l'art persan est moins fastueux, il n'est ni moins varié ni moins parfait : s'il se sert moins des métaux précieux et des pierres fines, il n'atteint pas moins à la richesse et à l'éclat de la couleur. Aux Indes, on cherche à éblouir les yeux; en Perse et dans les autres contrées mahométanes, on se contente de les charmer. Tout est magistralement conçu, richement décoré, merveilleusement travaillé dans l'exposition persane, depuis ces superbes tapis de feutre ou de laine d'une sobre et chaude harmonie, et ces châles dignes des métiers de Cachemir par la couleur et la finesse, jusqu'à ces coupes d'acier damasquiné, ces vases d'émail, ces mousselines brodées, légères et diaphanes comme de la vapeur d'eau, ces bassins de cuivre découpé, ces boîtes de buis sculpté, ces coffrets et ces cadres en mosaïque d'Ispahan. La panoplie vaut le mobilier : sabres courbes en damas du Khoraçan d'un ton gris mat, où courent en lettres d'or les versets du Coran et les devises guerrières, souples chemises de mailles, casques à pointes et à frontal, plaques pectorales et rondaches niellées d'or et d'argent. Cette ornementation relativement sobre est la vraie parure des armes; elle leur conserve leur caractère de virilité qui s'effémine et se perd sous la surcharge de perles et de pierreries des armures indiennes.

On quitte la Perse au Champ de Mars, mais c'est pour y faire un nouveau voyage dans les jardins du Trocadéro, où s'élève le palais du shah. Cette construction, de forme rectangulaire, n'a qu'un étage. Les fenêtres en arc surbaussé, très rapprochées les unes des autres, forment comme une arcade continue qui règne sur les quatre façades. Ainsi presque découpé à jour, cet édifice a un aspect de fragilité et de décor qui tient à la prédominance outrée des vides sur les pleins. L'architecture persane a eu souvent de meilleures inspirations. Les murailles peintes en vert cru, couleur nationale de la Perse qu'il serait bon cependant de n'employer qu'avec discrétion dans les monumens, ont pour tout ornement quelques maigres filets jaunes et blancs qui encadrent les fenêtres et une vingtaine de rosaces rouges. Au fronton, brille le lion de Perse sur une plaque de faïence. Sans s'arrêter trop longtemps au rez-de-chaussée, dans la salle de purification, qui est tendue de papier faïence à fleurs roses et bleues sur fond blanc, et où jaillit un jet d'eau, on devra monter voir ce merveilleux salon des glaces auprès duquel le fameux salon des glaces de Versailles a tout au plus l'originalité d'un salon de grand hôtel. Qu'on s'imagine une vaste pièce carrée dont les parois sont entièrement couvertes de petits morceaux de glaces, ajustés en étoiles, en losanges et en damiers. Pour le plafond, on a suivi le système des voûtes de l'Alhambra dites à stalactites. Ce sont des milliers de petits polyèdres de glaces qui, se séparant en menues sections, se creusant en alvéoles, se projetant en saillies prismatiques, montent en encorbellement les uns sur les autres jusqu'au sommet de la coupole. Les vives couleurs des vitraux des fenêtres et les nuances infinies des tapis se reflètent dans ces stalactites artificielles dont les facettes multiples jettent les feux polychromes d'un diadème de pierreries.

III.

Bien que l'Égypte ait subi toutes les conquêtes et toutes les dominations, elle se souvient de temps à autre de ses anciens Pharaons. Quand elle se présente à l'étranger, elle se pare volontiers, comme d'un habit de gala, des grandioses architectures des contemporains de Sésostris et de Psammétichus. Nous ne serions pas étonné que le vice-roi, ayant une audience à donner en France, s'assît sur un trône orné de têtes d'éperviers et tînt en main un sceptre terminé en fleur de lotus. Cette année, comme en 1867, l'Égypte a logé son exposition dans une sorte de temple hypèthre, de style pharaonique, flanqué de deux pylônes massifs. Sur la muraille blanche, autour des fûts des colonnettes, aux encorbellemens des corniches et aux linteaux des portes, se détachent en couleurs claires les Osiris barbus, les Pascht à têtes de chat, les Isis à coiffures d'éperviers, les sistres, les croix ansées, les clés mystiques, les bâtons auguraux et autres figures de l'écriture hiéroglyphique. Quatre galeries s'ouvrent à l'intérieur autour de l'hypèthre, ou si on aime mieux du *patio*, cour à ciel ouvert que les Grecs, les Romains, les Turcs, les Arabes et les Espagnols, semblent avoir empruntée aux anciens Égyptiens. L'une de ces galeries est consacrée tout entière aux vues, aux plans, et aux modèles du canal de Suez. Les autres renferment les spécimens des productions naturelles de la grasse Égypte et les œuvres de son industrie. Aux portes pendent d'immenses portières rouges dignes des grandes proportions de l'édifice; sur les parois s'étendent d'épais et magnifiques tapis merveilleusement nuancés; sous les vitrines brillent les armes damasquinées, les soies brochées d'or, les étoffes zébrées de couleurs vives. Soulevons cette légère portière de cachemire bleu, brodée d'arabesques de soie multicolore, et pénétrons dans ce *buen-retiro* de sultane, tout meublé à l'orientale. Ce sont des bahuts et des cabinets, des armoires et des étagères de chêne et de cèdre, à marqueterie d'ébène et d'acajou, disposée en damiers et en losanges. Sur d'autres meubles à profil aigu, les incrustations de nacre, d'ivoire et d'argent remplacent les mosaïques de bois. Les rosaces compliquées et les devises arabes en caractères coufiques alternent comme ornementation avec les figures géométriques. Pour siéges, on a de petites chaises de thuya et de chêne à dossier légèrement concave, et ces hauts tabourets décagones, en bois découpé et marqueté, qui servent à la fois de siéges et de tables pour prendre le café et les confitures de roses. On prétend que ce mobilier, d'une invention charmante et d'un travail exquis, est l'œuvre d'un ébéniste viennois. Nous tenons trop à conserver nos illusions pour ajouter foi à ces propos de fâcheux.

A côté du temple antique s'élève une maison moderne du Caire rayée horizontalement de larges bandes rouges et noires. Sur sa façade latérale s'applique un moucharaby en dentelle de bois. On sait ce que sont ces sortes de cages treillissées en surplomb, ingénieux compromis entre la jalousie des pachas qui ne veulent pas que leurs odalisques soient vues et la curiosité des femmes qui veulent au moins voir. On a réuni à l'intérieur de cette maison les menus objets de l'industrie égyptienne, petits tapis, armes, bijoux d'argent filigrané, œufs d'autruche d'où pendent des houppes de soie, chasse-mouches pailletés, narguilés et chibouques à bouquins d'ambre, bracelets d'or vierge malléable comme la cire plastique.

Ce n'est ni dans un sérail, ni dans un okkel, ni dans une mosquée qu'on trouve la Tunisie; c'est dans un long bazar formé d'une galerie de bois peint et découpé, à arcades en fer à cheval et à corniche à corbeaux. Soyez sourds aux bonimens gutturaux des Africains plus ou moins authentiques qui se trouvent derrière ces étalages. Ils n'ont à vous montrer que toutes ces babioles de pacotille vues cent fois aux devantures des marchands turcs des boulevards et de la rue de Rivoli. Entrez plutôt dans le petit pavillon carré qui s'avance en retour à l'extrémité de la galerie. Là, en fait d'armes, de tapis, de harnachemens, de burnous, de haïks, d'étoffes de soie, d'étagères et d'appliques en glaces et en bois peint, vous trouverez une multitude de choses commandant toujours l'attention et souvent l'admiration. Aux tissus d'or et d'argent, aux soies brodées d'arabesques, nous préférons ces étoffes dont les vives colorations des rayures font la seule beauté. La palette tinctoriale des Tunisiens est la plus riche, la plus éclatante, la plus harmonieuse de tout l'Orient. Avec leurs soutaches d'or et leurs semis de pierreries, les Indiens font du scintillement; avec leur bariolage et leurs zébrures de couleurs franches, où ils semblent se jouer victorieusement des lois des complémentaires, les Levantins, et surtout les Tunisiens, font de la couleur.

Ce goût des couleurs vives et cette recherche d'ornementation n'appartiennent pas seulement à l'Afrique méditerranéenne. Ils traversent les déserts avec les caravanes et reparaissent jusque sur la côte occidentale de l'Afrique, en Sénégambie. Dans ces tapis, dans ces grosses étoffes de laine, dans ces armes, dans ces instrumens de musique, dans ces harnachemens de cuir rouge brodé, dans ces bijoux filigranés, dans ces sandales de bois mosaïqué, on retrouve au Sénégal quelque chose de l'Algérie avec un caractère plus barbare. Mais le Gabon est tout à fait sauvage ; les Pahouins n'ont pour vêtement que des fibres textiles brutes, et ils ne connaissent en fait de tapis que les peaux de singes et de genettes.

Tunis, l'Égypte, la Perse, le Maroc, le Sénégal, n'ouvrent pour ainsi dire aux curieux qu'une lucarne sur leur pays. L'Algérie, au contraire, leur ouvre la porte toute grande. Il y a comme un quartier d'Alger transporté au Trocadéro. Plus de quinze petites constructions arabes bordent les allées : kiosques, mosquées, bazars, okkels, cafés, comptoirs de pâtisseries, jusqu'à une grande tente de poil de chameau rayée de brun et de jaune foncé, où quatre Kabyles accroupis sur des nattes façonnent des babouches, des bourses et autres objets de maroquinerie. Au centre de cette ville arabe en réduction s'élève un édifice monumental du plus beau style algérien ; c'est la reproduction de l'antique mosquée de Sidi-Boumédine, à Tlemcen. Qu'on se figure un vaste quadrilatère allongé, flanqué de quatre tours massives, dont l'une est dominée par un minaret de 30 mètres. Les murailles, percées de barbacanes ogivales et couronnées à leur sommet de créneaux dentelés, sont toutes blanches. Quelques dessins intaillés dans la pierre sous les machicoulis des tours, et une frise de faïences vertes et bleues qui règne tout autour de l'édifice en sont les seuls ornemens. La porte, où l'on accède par six degrés, ouvre son arc outrepassé dans un resplendissant encadrement de faïences polychromes. L'intérieur est distribué comme un caravansérail : quatre galeries couvertes, longues et hautes, soutenues par une ligne d'arceaux en fer à cheval, entourent un ravissant jardin où poussent des palmiers et des aloès et où s'arrondit la vasque d'un jet d'eau. Dans ces galeries sont rassemblés les produits agricoles, forestiers et métallurgiques de la colonie et tous les spécimens de l'industrie indigène. Ici les marbres et les métaux, les pelleteries et les plumes d'autruche ; là les céréales et les fruits, les bois et les plantes. De ce côté, les armes et les bijoux, les tapis de laine et les étoffes de soie et de coton, les haïks, les burnous, les écharpes, les résilles. Plus loin les nattes et les paniers de sparterie, les meubles de thuya tourné, les plateaux et les coupes de cuivre émaillé, les cuirs multicolores ramagés de broderies capricieuses, les gargoulettes et les alcarazas de terre rouge. C'est toute l'Algérie dans 50 mètres carrés. On a eu l'idée originale de ne pas ranger comme dans un étalage cette multitude d'objets divers, mais de les faire concourir à la décoration. Les peaux de lion et de chacal et les panoplies de longs fusils, de flissahs et de yatagans, garnissent le haut des parois, et ce ne sont au-dessous que festons de bananes enfilées et de grappes de maïs, et qu'astragales de gerbes de blé et de touffes d'alfa. Cette exposition est organisée avec le goût et la méthode spéciales à la France.

Ce qui est le plus curieux au Maroc, c'est son café établi à l'abri d'une tente sur la terrasse d'une galerie à arcades découpées en flammes; — du moresque flamboyant! En dégustant là quelques gorgées de café précipité servi à la turque dans de microscopiques tasses montées sur des coquetiers filigranés, on écoute les mélopées rauques et monotones des musiciens maures. Coiffés du fez ou du turban, vêtus de vestes soutachées et de larges pantalons, ils sont là cinq, accroupis sur un divan. Le chef d'orchestre, un colosse de six pieds, superbe type de boucher turc, joue du violon. Le second musicien pince les cordes d'une mandoline; le troisième racle un rebec, violon à deux cordes, à dos pansu et à manche recourbé; le quatrième, un nègre, agite un tambour de basque en chantant d'une voix gutturale; le cinquième frappe des doigts sur une derbouka, tambour de poterie recouvert d'un parchemin. Sous le café se trouve le bazar où sont jetés pêle-mêle les bijoux de cuivre émaillé, les crucifix à incrustations de nacre, les pipes relevées de filets d'or, les noix de coco sculptées, les babouches de cuir brodées de soie, les flacons d'essence de rose, dont le cristal est historié de lettres arabes, et ces pastilles du sérail, qui, selon le mot de Gavarni, « sentent si bon chez le marchand et si mauvais chez soi. » Mais l'exposition du Maroc n'a pas, comme celle de Tunis, des étoffes, des tapis, des armes et des meubles de prix. Rien n'y sort des vulgaires turqueries que nous connaissons. Et pourtant, malgré qu'on en ait, on s'arrête toujours avec plaisir devant ces boutiques tant le moindre objet y témoigne du sentiment de la décoration et de la couleur. Les ouvriers orientaux mériteraient bien qu'on leur appliquât cette parole de l'Exode : « Ils sont doués d'un grand talent pour faire tout ouvrage de ciseleur, de tisserand et de brodeur. » Il est à remarquer que tous les peuples qui, hormis l'architecture, n'ont point d'art, les Chinois, les Japonais, les Indiens, les Turcs, les Arabes, ont élevé l'industrie jusqu'à l'art. Les objets les plus communs, les plus usuels, ne sont jamais dénués de quelque joli ornement. On brode les babouches de cuir, on cisèle les manches de couteaux, on incruste les crosses de fusils, on damasquine les métaux, on marquette le bois, on modèle les poteries en formes gracieuses, on soutache les vestes, on emploie les couleurs les plus vives et les plus gaies pour la teinture des tissus. Dans tout l'Orient, de Tanger à Yokohama, on ne trouverait pas un seul objet aussi vulgairement simple, aussi platement laid qu'une de nos grossières assiettes de faïence blanche, qu'une cuiller de fer battu, ou qu'une chaise de paille.

Admirables chez les Indiens, les Chinois et les Japonais, la disposition et la variété du décor étonnent plus encore chez les Arabes et chez les Turcs. Privées par la loi religieuse de la représentation de la figure humaine et empruntant rarement leurs formes aux plantes et aux animaux, les races d'Islam ont créé une ornementation pour ainsi dire toute abstraite et toute imaginaire. Il est surprenant que par la seule combinaison des figures géométriques, triangles, rectangles, losanges, arcs, spirales, et par le seul entrelacement des arabesques, des volutes, des rinceaux, des nœuds de cordelettes, des rosaces en trèfle, des imbrications en écailles et des lettres en caractères coufiques, l'art arabe ait fondé un style décoratif qui a autant d'effet, de grâce et de variété que celui des Asiatiques et des Européens, inspiré par toutes les merveilles de la création.

IV.

Du Maroc en Russie, la distance est longue; d'un okkel arabe à une izba moscovite, la différence est marquée. Et cependant la Russie touche aux pays de l'Islam par son vaste empire, où le soleil se couche à l'occident tandis qu'il se lève à l'orient, par ses peuplades mahométanes, circassiennes et kirghises, par ses aspirations territoriales, par le caractère oriental que lui ont imprimé ses conquêtes à l'ouest et au sud et ses relations avec la Byzance des empereurs grecs. Bien que la Russie se soit assimilé complètement la civilisation occidentale, elle a conservé un goût de luxe et de surcharge ornementale demi-barbare qui se trahit dans plus d'une branche de son art et de son industrie. Voyez la façade qui donne accès à son exposition. Ce n'est qu'une construction de bois; mais qu'elle est loin de la simplicité naïve d'un chalet suisse! Dans cet édifice, qui reproduit l'architecture d'un château seigneurial du temps d'Ivan le Terrible, combinée avec celle d'un escalier du Kremlin, le sapin prend toutes les formes et toutes les figures de la pierre, du marbre et de l'étain. Il s'évide en flèche, il s'arrondit en dôme, il se découpe en galeries trilobées, il se fenestre en ogive ou en fer à cheval, il se bariole de vert tendre, de rose, de rouge et de bleu. C'est une confusion extravagante de kiosques aigus, de galeries à jour, de machicoulis en ressaut, d'escaliers suspendus,

BIBLIOTHÈQUE NATIONALE RF IMPRIMÉS

de balcons qui surplombent, de clochetons élancés et de coupoles bulbeuses.

Ces bijoux semés de perles, d'émeraudes et de rubis cabochons, ces chasubles et ces étoles de pope tissées d'or, bossuées d'ornemens en relief, ces gigantesques vases de malachite et de lapis-lazuli, ces belles orfèvreries niellées de platine, ces icones d'argent découpé, ces vases de vermeil couverts d'émaux byzantins, ces harnachemens de cuir rouge à l'odeur pénétrante, ramagés de fils de soie et d'incrustations de couleur, ces toques de velours et ces blouses de soie rose et bleue, n'accusent pas moins le caractère de somptuosité effrénée et d'outrance dans l'ornement des races orientales. Mais sa fidélité à ses traditions nationales n'empêche pas la Russie de prendre des exemples et des modèles dans l'industrie européenne. Voici, pour en témoigner, un joli mobilier Louis XV, où le bois doré encadre le damas de soie, des bahuts de chêne sculpté, du style de la renaissance, des tables, des guéridons, des pendules de malachite, montés en bronze doré, de superbes poêles de faïence, des essais de porcelaines peintes et de tapisseries et d'admirables moulages d'un seul jet, d'après le modèle vivant, qui font l'étonnement de tous les artistes. Quoique l'exposition russe soit moins vaste, moins riche et moins variée qu'en 1867, qu'on n'y trouve pas une merveille analogue à la grande mosaïque de l'établissement impérial de Saint-Pétersbourg, la Russie y apparaît digne d'elle-même, surtout si on songe que depuis deux ans la Russie a eu bien d'autres batailles à gagner que les batailles pacifiques de l'industrie internationale.

Comme la Russie, la Grèce est un dieu Janus dont une face regarde le passé et l'autre l'avenir. Comme le colosse moscovite, la statue de la Grèce a un pied en Orient et un pied en Occident. La Grèce appartient à l'Occident par son génie, qui dans les lettres, les arts, la politique et les institutions sociales a fait la civilisation de l'Europe, par son esprit de liberté, par ses tendances et par ses progrès. Elle appartient à l'Orient par son climat, par son soleil et par les souvenirs de la domination turque que, non sans hardies révoltes, les Grecs ont subie plus de trois siècles. Cette double influence est visible à l'exposition grecque. A côté de machines pour bateaux à vapeur, d'instrumens agricoles perfectionnés, de modèles de navires, d'instrumens de chirurgie, de fauteuils et de canapés de bois sculptés recouverts de soie brochée, de tables de mosaïque, de bronzes d'art, de céramiques, de tableaux religieux curieusement fouillés dans le bois, de bracelets et de colliers ornés de médailles antiques serties en or, de livres, cartes, plans et autres spécimens du musée pédagogique, il y a des étoffes, des armes, des bijoux qui trahissent l'Orient par leur luxe et par leur grâce. Dans le plus harmonieux désordre se groupent les fusils et les carabines à silex couverts de nielles d'argent depuis la crosse jusqu'à l'extrémité du canon, les pistolets à crosses d'ébène ornées de plaques d'ivoire et de nacre, les sabres, les yatagans et les poignards aux lames damasquinées, aux fourreaux d'argent, de velours et de maroquin, les broches, les bracelets et les pendans d'oreilles filigranés. Les riches casaques de velours vert, rouge et violet, soutachées d'or, touchent les tulles légers, semblables à la toile d'Arachné; les écharpes de soie cramoisie serpentent sur les mouchoirs et les *taktikos* rayés de mille nuances; les dentelles et les broderies d'or servent de transparens aux foulards zébrés de pourpre, aux fichus étoilés de paillettes, aux serviettes de soie frangées d'argent, aux ceintures où s'épanouissent des fleurs brillantes et aux chemisettes arborant toutes les couleurs du prisme et tout leurs composés; les tissus de soie, le barège, la moire, le satin, prennent un éclat intense mis en opposition avec les tissus mats de laine et de coton.

La Grèce, qui a la religion de son passé parce qu'elle sait qu'elle en est digne, a construit une petite maison athénienne du plus pur style du IVe siècle. Ce charmant édicule, qui a à peu près les proportions du temple de la Victoire aptère sur l'Acropole, se compose d'un étage en surplomb soutenu par deux colonnes ioniques. A gauche s'ouvre une porte dont les pieds-droits montent avec une inclinaison légèrement pyramidale. L'entablement est décoré d'antéfixes en palmettes et de gargouilles en gueules de lions. Dans les cannelures des colonnes, sur les volutes des chapiteaux, aux linteaux des fenêtres, aux moulures des architraves et des cymaises, se détachent en bleu, en rouge, en vert et en or, les acanthines et les rais-de-cœur, les perles et les oves. En avant de cette maison antique, qui par ses petites dimensions fait penser à celle de Socrate, s'élève un autel quadrangulaire supportant un buste de Minerve. Les Grecs ont été bien inspirés en plaçant leur exposition sous l'invocation de la grande divinité de leurs aïeux, déesse du travail, — *mille dea operum*, — et protectrice des vaillantes cités.

II.

L'EUROPE MÉRIDIONALE — L'EUROPE DU NORD — L'EUROPE CENTRALE LA FRANCE

I.

C'est à Athènes que nous avons interrompu notre voyage; c'est à Rome que nous le reprendrons. La transition entre la Grèce et l'Italie est toute tracée, par la loi de l'histoire comme par l'itinéraire des bateaux à vapeur.

L'Italie, qui à l'époque de la renaissance a eu une si puissante action sur le développement de l'art dans toutes ses formes, peinture et sculpture, architecture et mobilier, orfèvrerie et céramique, l'Italie ne vit plus guère aujourd'hui que sur son glorieux passé. Ses peintres délaissent la grande peinture pour le genre et la décoration. Si, grâce à ses carrières de Carrare, l'Italie est encore le pays du marbre, ses statuaires, énervés et affadis par l'influence persistante de Canova ou égarés par une recherche de réalisme à outrance, ne font plus d'elle la patrie de la sculpture. Elle affirme toujours son sentiment élevé de l'architecture, à Milan et à Rome par ses nouvelles constructions, et à Paris même par le portique monumental, à majestueux arceaux plein-cintre, à hautes colonnes composites de stuc vert, à ornemens de terre cuite sculptée et à médaillons de mosaïque sur fond or, qui donne accès à son exposition. Mais pour l'art industriel, la France, l'Angleterre, l'Autriche ont pris à l'Italie ses formes et ses décors, et elles ont si bien perfectionné la fabrication des meubles et des céramiques, qu'aujourd'hui les ouvriers étrangers surpassent les ouvriers italiens dans les bronzes, les majoliques, les bahuts de noyer sculpté et les cabinets d'ébène à incrustations d'ivoire, qui sont pourtant d'origine italienne.

Il ne faut regarder dans les galeries de l'exposition italienne que les choses qui n'ont été encore que rarement imitées par les industries des autres pays, telles les fines marqueteries de bois, les mosaïques de marbre représentant des fleurs, des oiseaux, des fruits, des vues de villes et de palais, les applications de nacres sur panneaux de laque. Les bijoux égyptiens, étrusques et pompéiens, colliers de scarabées, pendans d'oreilles et fibules d'or, broches à tête de Méduse ou à profil d'Alexandre, bracelets en oves ou en serpent, sont fort à la mode de l'autre côté des Alpes. L'industrie italienne y réussit bien, à cause même d'une certaine lourdeur de travail qui donne à ces bijoux l'aspect fruste de ceux qu'on vient de retirer des fouilles. Dans la bijouterie, chaque ville d'Italie a sa spécialité. Rome façonne l'or d'après le style antique, Naples sculpte les coraux roses, les camées tendres et la lave du Vésuve, Venise enfile en colliers les perles de verre soufflé, Florence assemble en broches et en médaillons à dessins byzantins sa fine mosaïque qu'on pourrait appeler de la poussière de mosaïque, Gênes enfin tisse ces colliers, ces bracelets et ces chaînes en filigrane d'or et d'argent, si ténu, si léger, si flexible, qu'il a mérité le nom de « mousse génoise. » Les dentelles sont prisées par les femmes à l'égal des joyaux. Elles envieront ces guipures de Venise et ces dentelles de Milan. Mais qu'elles n'admirent pas plus qu'il ne faut l'idée de ce fabricant qui a imaginé de reproduire le dôme de Milan avec son portail ouvré, son abside et ses mille flèches dans une « toilette duchesse! » Nous préférons à ce meuble de mauvais goût la moindre de ces chaises romaines dont les pieds et le dossier sont formés d'une dizaine de cornes de bœuf entrelacées et dont le siége est recouvert d'une peau de bique. Rien de plus pittoresque. En outre on est là fort commodément assis et parfaitement à l'abri de la *jettature*.

Où l'Italie est restée sans rivale, c'est dans les verreries de Murano. Quelle fantaisie, quel caprice, quelle grâce dans ces formes renouvelées de l'antique ou de la renaissance, verres à boire à pied fuselé et à piédouche, cornets tordus en spirale, buires rubanées, flacons filigranés semés de rassades brillantes, fioles jumelles formées de deux dauphins accolés, coupes dont les anses sont deux dragons à queue fourchue, calices côtelés épanouis en fleurs de lis, vases à long col, à panse ovoïde, et à orifice modelé en feuille d'acanthe! Quelle magie dans ces nuances, blanc lacté, opale prismatique, rouge corallin, vert de mer, bleu céruléen, éclat des ors, des cuivres et des émaux, marbrure du rouge antique et du cipolin, opacité du jaspe et du lapis, transparence nébuleuse des stalactites de neige fondue! Quelle légèreté enfin! si grande qu'on pense que ces fioles et ces vases sont soufflés, non dans le verre en fusion, mais dans de la mousse de savon. On craint de les toucher de peur qu'ils ne s'évanouissent au moindre contact. Les anciens avaient certains tissus diaphanes et translucides qu'ils appelaient des vêtemens de verre, *vitreæ vestes* ; à la vue des verres de Venise, les modernes devaient transposer le mot et dire : verres mousseline. Au-dessus de ces fragiles merveilles pendent d'énormes lustres roses et bleus dont les pendeloques, les boules et les guirlandes se réfléchissent dans les grands miroirs à cadres en biseaux, qui garnissent les parois. Ne disons point adieu à la ville des lagunes sans regarder cette *Mise au tombeau*, belle mosaïque de tons très vifs et très harmonieux, qui prouve que les modernes Vénitiens n'ont pas oublié les leçons des maîtres mosaïstes du XVe siècle.

Nous voici en Espagne, à Grenade, devant l'Alhambra. On sait que l'Alhambra ne présente à l'extérieur qu'une agglomération de tours massives qui ne justifie pas l'idée de magnificence qu'évoque ce nom magique. Tout le luxe décoratif, toute la richesse ornementale du style moresque est réservée pour les façades intérieures qui entourent la cour des Lions. Forteresse pour qui est dehors, palais pour qui est dedans, tel est l'Alhambra. La façade de la section espagnole reproduit naturellement le palais et non la forteresse. C'est un pavillon de la cour des Lions encadré par deux corps de bâtiment conçus dans le même style. Dans la façade rutilante, décorée de peintures rouge, bleu et or, plaquée de revêtemens de faïence et de carreaux vernissés, couverte d'arabesques, de gaufrures, d'imbrications et d'entrelacs incisés dans le plâtre, se dessinent les portes en fer à cheval et les baies en ogive outrepassée. Les étroites arcatures et les arceaux trilobés se couronnent des dentelles des acrotères, et les frêles colonnes à chapiteaux cubiques supportent des voûtes taillées en stalactites. On s'attend à trouver derrière cette somptueuse façade une exposition variée et abondante, pleine de curieuses choses. Mais, sauf de belles armes damasquinées des fabriques de Tolède, et des coffrets, des vases et des cadres de bronze ciselé et niellé dans le style hispano-moresque, l'Espagne ne montre rien qui vaille qu'on s'y arrête. Passons donc rapidement devant ces meubles de chêne sculpté, ces étoffes de soie et de laine, et ces faïences hispano-moresques d'une fabrication trop élémentaire ; jetons un regard moins défavorable sur ces grossières poteries de terre blanche à ornemens repoussés qui ont beaucoup de caractère et pénétrons dans le pavillon annexe de l'agriculture, où l'Espagne donne une merveilleuse vision. Lisez à la fin du Ve livre du *Pantagruel* la « mirificque » description du temple de la « dive bouteille, » et vous aurez l'idée de la grotte des vins d'Espagne qui occupe le fond du pavillon. On y accède par un portique formé de trois arcades en fer à cheval dont des milliers de bouteilles, diversement nuancées par les vins, les liqueurs, les huiles qu'elles contiennent, sont les seuls matériaux. A l'intérieur, les parois de la grotte et ses colonnes à chapiteaux moresques sont également construites avec des bouteilles, disposées en losanges, en trèfles, en entrelacs, en arabesques. D'autres bouteilles placées en encorbellement, le goulot en bas, pendent de la voûte comme des stalactites. La grotte, n'ayant pas de jours directs sur le dehors, reste dans une chaude pénombre, éclairée seulement par la lumière du soleil qui transparaît à travers les fioles de verre. Pour multiplier les effets lumineux, un cylindre de glace qui, caché sous des pampres artificiels, tourne sans cesse sur lui-même, renvoie en mille feux sur les parois les scintillemens multicolores qu'il en reçoit. Les riches couleurs des vins d'Espagne parcourent toute la gamme des rouges et des jaunes, depuis le pourpre et l'or jusqu'au capucine et au brun Van Dyck. Mais on a encore augmenté cette éclatante palette en joignant aux vins les liqueurs vertes et roses et en mettant certains vins blancs dans des bouteilles de verre violet. Ainsi les émeraudes et les améthystes brillent dans cette grotte féerique au milieu des diamans, des rubis, des grenats, des topazes, des chrysolithes, des girasols et des béryls.

Ce portail, qui ouvre sa large ogive surbaissée qu'encadre un quadruple bourrelet de pierre, tout brodé de sculptures et ouvré à jour comme une dentelle, et qu'accompagnent de sveltes colonnettes, des clochetons aigus et des statuettes de saints reposant sur des pendentifs découpés, est pris au monastère de Belem. Il sert maintenant de façade à l'exposition portugaise. Pour ne parler que des choses les plus originales, le Portugal expose des meubles de châtaignier, de style arabe, très habilement sculptés, des majoliques et des poteries d'argile rouge, de style hispano-moresque, de somptueuses étoffes d'église lamées d'or, d'énormes cierges bossués d'ornemens en relief et rechampis de vives couleurs, de merveilleuses broderies sur tulle, de fines nattes de paille tressées et mille bijoux de filigranes qui mériteraient, comme ceux de Gênes, le nom de mousse d'argent.

II.

L'Angleterre occupe au Champ de Mars près du quart de la superficie du terrain concédé aux nations étrangères. Elle a donc dû remplir par une suite de divers édifices la vaste façade de son exposition. C'est d'abord un massif pavillon carré, construit tout en terre cuite, percé à ses deux étages d'étroites fenêtres et décoré de pilastres et d'ornemens sculptés. Au-dessus d'un entablement en saillie, soutenu par des consoles, s'étend un toit plat qui forme terrasse. Tel est le spécimen de ce style que de l'autre côté de la Manche on appelle le néo-saxon. Une autre construction, également en terre cuite, rappelle le style gothique anglais par ses baies ogivales à rosaces rayonnantes et à bourrelets couverts de sculptures; c'est un peu lourd, mais non point sans grâce. Le style de la reine Élisabeth est représenté par un palais de pierre et de brique, dont le faîte, chargé de frontons capricieux et de lucarnes à hauts chambranles, forme sur l'horizon une ligne dentelée. Au centre de l'édifice, qui prend ses jours par de larges fenêtres à croisillons de pierre, s'ouvre une monumentale porte en plein cintre. A l'intérieur, on aperçoit, au milieu d'une salle à manger ornée de tapisseries et de lambris renaissance, une table toute servie, garnie de vaisselle plate et de cristaux. Plus loin s'élève une maison bourgeoise de plâtre et de bois, comme on en construisait tant à Londres du XVe au XVIIe siècle: pignon aigu, étage surplombant, charpentes apparentes, grandes verrières à mailles de plomb. Un cottage à *bay-window* en encorbellement, du temps de Georges III, clôt cette curieuse série des types de l'architecture anglaise.

Après avoir longtemps prisé au-dessus de tout le confort des meubles, l'Angleterre est tombée dans un autre extrême. Elle dédaignait le style, elle ne vise plus qu'au style, et au détriment de la commodité. Ses préférences en effet ne sont pas pour le Louis XIV, le Louis XV, le Louis XVI, qui ont su, en adoucissant les angles, en diminuant les saillies, en arrondissant les profils aigus, prêter des formes familières, coquettes et gracieuses à tous les meubles; c'est dans le XVIe siècle, le XIVe siècle et jusque dans l'époque byzantine qu'elle va chercher ses modèles. Tout ce mobilier gothique, bahuts, crédences, dressoirs, hautes armoires, tables massives, chaises à haut dossier sculpté, sont mieux à leur place après tout dans une salle de musée ou dans une sacristie que dans un salon ou dans une chambre à coucher. En outre, si l'ébénisterie anglaise emploie surtout le chêne, le noyer et l'ébène, elle se sert aussi de toutes les essences d'arbres: thuya, palissandre, amarante, acajou, bois de rose, amboine, citronnier; et elle y incruste l'ivoire et l'écaille, elle y encastre le cuivre, le bronze doré et le bronze galvanique, elle y applique les mosaïques et les marqueteries nuancées. Or, de cette alliance hybride de formes cinq ou six fois centenaires et de bois qui sont en usage seulement depuis un siècle, il résulte une étrange cacophonie. Jusqu'où va l'imagination torturée des ébénistes d'outre-Manche, on en jugera par ce mobilier complet de style carlovingien, sculpté en chêne blanc et relevé de peintures polychromes. Ne siérait-il pas à merveille à un décor de *la Fille de Roland?* Sans doute pour atteindre à l'aspect barbare du modèle rêvé, le sculpteur et le peintre ont rivalisé à qui emploierait le ciseau le plus gauche et le pinceau le plus cru. Voyez encore cet orgue de salon en forme de cathédrale gothique, et ce grand piano à queue, en forme d'hypogée égyptien! La main-d'œuvre au moins rachète-t-elle les fautes de goût de l'ordonnance? Les ouvriers anglais excellent dans toutes les parties planes des meubles. Les panneaux lisses et les incrustations de mosaïque, parfois d'un ton trop cru cependant, sont finis avec un soin sans égal. Mais dans les parties en relief ou découpées, les sculptures manquent de fermeté, d'ampleur et de liberté.

Le métal n'est fait ni pour l'architecture, ni pour le mobilier, à moins qu'il ne soit ciselé comme les portes d'un baptistère ou fouillé comme une châsse gothique. Aussi faut-il condamner ces lits, ces chaises, ces armoires, ces fauteuils de cuivre jaune tout reluisant. Les Anglais ont fait du cuivre une meilleure application en l'employant pour les lutrins, les retables et autres meubles d'église. L'orfèvrerie et la joaillerie anglaises sont riches et somptueuses. On n'y ménage ni le métal, ni les pierreries, ni le travail; les surfaces polies ont même un éclat tout spécial; mais la légèreté, la délicatesse, la grâce font défaut à ces calices, à ces surtouts, à ces colliers et à ces bracelets. De même c'est la lourdeur et la surcharge d'ornementation qui déparent ces brillantes reliures. Jamais un relieur anglais n'a bien su « pincer un nerf » ou « pousser un filet. » Les produits des fabriques de faïences, de porcelaines et de terres cuites foisonnent. L'industrie céramique anglaise s'inspire avec goût pour les services de luxe des modèles de Rouen et de Moustier, d'Urbino et de Delft, de la Chine et du Japon; et c'est par milliers qu'elle jette sur le marché français ces services communs que font rechercher, en dépit d'un décor dur et banal, leur solidité et leur bas prix.

Bien que l'Angleterre ait eu des coloristes, les Reynolds et les Hogarth, les Lawrence et les Turner, la population anglaise n'a nullement l'instinct de la couleur. A Londres, les femmes de la petite bourgeoisie allient à l'envi dans leur toilette les nuances les plus criardes. Les plaids écossais, qui sont l'expression la plus originale du coloris d'outre-Manche, ont des tons crus, heurtés et discords. Une telle inaptitude à employer les couleurs est évidemment une cause d'infériorité dans la fabrication des tapis et des étoffes d'ameublement, où, si importante que soit sa part, le dessin, c'est-à-dire le décor, ne vient qu'après la couleur. Il semble d'ailleurs que les fabricans de tapis et de papiers peints, convaincus de leur impuissance à atteindre à l'éclat de la couleur, ne s'efforcent plus que d'en trouver l'harmonie. Ils n'emploient guère que les tons sur tons ou les nuances de gamme sombre. La cristallerie anglaise gagnerait à suivre cet exemple. Ses lustres de verre coloré, imités de ceux de Murano, sont d'une abominable crudité de ton. Au contraire, dans les grands miroirs, les lustres, les girandoles et les appliques de cristal blanc, les carafes et les verres taillés à facettes, l'industrie anglaise rivalise avec Baccarat.

La façade de la Suède tient du chalet moderne par le bois dont elle est construite, ses toits à projection et ses faîtes déchiquetés, et de la chapelle byzantine par ses arcatures en arc surhaussé, ses frises ornementées et ses frêles colonnettes à chapiteaux en pyramide renversée. Non contente d'affirmer par ce chalet l'originalité de son architecture, la Suède a voulu que les clôtures intérieures de sa section fussent aussi découpées en sapin dans le style national; la décoration des vitrines est ainsi en harmonie avec les objets qui y sont exposés. Si l'habileté du travail et la qualité des matériaux ne sont point irréprochables dans ces meubles de chêne sculpté, dans ces bijoux filigranés, dans ces poêles de faïence émaillée, dans ces majoliques italiennes, dans ces services de table à décor Louis XV en camaïeu rose, et dans ces vases et ces cornets multicolores renouvelés du Japon, de Sèvres et de la Saxe, l'ordonnance, le choix des formes, le goût de la décoration, méritent de vifs éloges. On voit que la Suède, qui au XVIIIe siècle a été souvent en rapport avec la France, en a pris de bonnes leçons. La Norvége, où la civilisation est moins avancée, a, de là, plus de saveur locale. Elle expose entre autres curiosités de petites boîtes de sapin couvertes d'arabesques et de rinceaux finement travaillés. Ces merveilleuses guipures de bois sont, paraît-il, sculptées avec la pointe du couteau par les paysans norvégiens, dans les longs jours ou plutôt dans les longues nuits de neige. Les fourrures sont le luxe du nord. En Norvège, il y en a de toute sorte : peaux d'ours, de loup, de renne, de renard blanc, tapis de ventre de cygne, dont le duvet est plus soyeux et plus luisant que la soie grège. Pourquoi faut-il qu'au milieu de ces pelleteries du nord s'étale la peau fauve et zébrée d'un tigre! L'exposition norvégienne tourne ainsi au banal étalage d'un pelletier cosmopolite.

Le Danemark s'est-il donc annexé à la Grèce? On le croirait à voir les innombrables poteries grecques, coupes, amphores, lécythes, œnochoés, cratères, qui encombrent ses vitrines et garnissent ses étagères. Ce goût de l'antique est-il soudain venu aux Danois quand le prince George de Danemark est monté sur le trône de Grèce? ou n'est-ce pas plutôt le sculpteur Thorvaldsen, dont la mémoire est un culte pour les Danois, qui l'a importé chez ses compatriotes le jour de son retour triomphal à Copenhague? Voici d'ailleurs des bahuts de chêne, des porcelaines à décors de Saxe et de Sèvres, des bijoux d'argent niellés d'or et de magnifiques cuirs pour tenture repoussés et mordorés qui n'ont rien d'hellénique, et cette façade de brique et de pierre à fronton échancré et à ornemens contournés qui procède du style de la renaissance et du style du XVIIe siècle n'est pas imitée de celle du Parthénon.

III.

Il semble que la dualité de l'empire austro-hongrois tourne à la rivalité industrielle des deux états, et ainsi au triomphe des deux industries. On serait embarrassé de décider qui l'emporte pour le goût et pour l'habileté des Hongrois ou des Autrichiens. Il y a cependant plus de richesse et plus d'invention chez ceux-là ; un travail plus serré et plus fini chez ceux-ci. La Hongrie expose une porte monumentale de chêne blanc à larges ferrures d'acier poli, des bahuts et des horloges de chêne, ouvrés et fouillés comme de l'ivoire, des chaises de bois blanc tourné et courbé, fort originales, des broches, des pendans d'oreilles et des agrafes de ceinturon repoussés en or et semés de turquoises et de grenats cabochons. Les fabriques de Bude-Pesth tentent d'imiter les porcelaines de Saxe, de Vienne et de Delft ; mais les émaux qu'elles emploient, trop crus de ton, rendent en jaune serin et en bleu perruquier les *jaunes* si fondus et les *bleus* si doux du vieux saxe. Où le goût demi-oriental des Hongrois se donne libre carrière, c'est dans ces costumes de laine blanche brodée de fleurs de vives couleurs ou soutachés de capricieuses arabesques, dans ces superbes uniformes militaires bleu-clair ou rouge, bordés de fourrures et couverts de galons, de soutaches, de torsades, de tresses et de passementeries d'or, dans ces sabres courbes à lames damasquinées, à poignées d'ivoire et d'or, à fourreaux de velours ou de chagrin constellés de pierreries.

Les Autrichiens excellent à travailler le fer. Ils le ploient, le tordent, l'arrondissent, l'ouvrent, le ciselent, l'ajourent, lui font prendre toutes les formes, le façonnent en grilles, en portes, en balustres, en chenets, en serrures, en heurtoirs, en coffrets. Cette magnifique porte de fer treillissé n'est-elle pas digne des plus beaux palais? Les ouvriers viennois travaillent le bois avec non moins d'art, ainsi que le prouvent ces grands meubles de chêne à fines arabesques sculptées en relief ou à brillantes incrustations de marqueterie. On remarquera encore, dans l'orfèvrerie et la joaillerie, un coffret de style renaissance, ciselé en argent et incrusté de lapis-lazuli, des vases d'église d'argent niellé d'or, et de charmans bijoux d'argent pavés de petits grenats; dans les étoffes, de grands tapis d'un ton sobre et harmonieux et d'un beau décor, des soies brochées, des velours frappés, des cuirs peints et repoussés. La céramique viennoise n'est pas à la hauteur des autres industries. Les porcelaines imitées de celles de Sèvres et de Saxe affectent des formes surannées et se couvrent d'émaux discordans. Cependant Vienne était au XVIIIe siècle presque la rivale de Dresde pour la porcelaine. Par contre, la verrerie de Bohême avec ses épais verres rouges où se dessinent en blanc les paysages et les rinceaux, et ses chopes blasonnées d'écussons à lambrequins est bien dépassée par la verrerie viennoise. De véritables merveilles sont ces verres opalins qui s'irisent des nuances changeantes et infinies du prisme. Vienne est encore célèbre pour sa bimbeloterie, boîtes, écritoires, presse-papiers, porte-monnaie et portefeuilles, albums, buvards, éventails de bois et de cuir. On dit « l'article Vienne » comme on dit « l'article Paris. » Nous n'avons qu'une admiration très médiocre pour ces mille riens éphémères qui sont jouets de grands enfans; mais, étant admis ce genre d'industrie, on doit reconnaître que les Viennois y prodiguent le goût et l'invention.

Avant de quitter l'Autriche, jetons un regard sur sa façade, sorte de grande loggia à l'italienne, à hautes arcades, dont les tympans sont décorés de figures allégoriques, de branches de feuillages et d'arabesques gravées en noir dans la pierre. Avant de quitter la Hongrie, allons à la tsarda; cette petite maison de plâtre à toit de chaume percé de lucarnes obtient plus de succès à elle toute seule que les somptueuses façades de l'Allée des Nations. C'est là qu'on entend les tsiganes jouer avec tant d'entrain la valse du Danube et avec tant de furie la marche guerrière de Rakoczy. On dit que ces musiciens n'ont jamais appris la musique. — Les rossignols non plus n'ont jamais appris la musique.

Au lieu de la façade de bois découpé qu'on s'attend à trouver en Suisse, ce traditionnel pays des chalets, les Suisses ont élevé une pseudo-maison de ville du XVIe siècle, massive construction de pierre grise que décorent les blasons de gueules et d'azur des vieux cantons helvétiques. Au premier étage s'étend une terrasse qu'abrite un toit en surplomb surmonté d'un clocheton aigu. On a placé au centre de la terrasse une grande horloge de forme ancienne flanquée de deux jaquemarts. Ces débonnaires hommes d'armes, la tête casquée, le haut du corps couvert d'une cuirasse à brassards, et les jambes enserrées dans des chausses mi-parties, attendent, le marteau en main, les heures et les demies qu'ils doivent frapper sur le timbre. Autrefois renommée pour sa vaillance et la solidité de son infanterie mercenaire, la Suisse l'est aujourd'hui pour la précision de ses mouvemens d'horlogerie et de ses instrumens scientifiques. Ainsi va la destinée des peuples. A la bataille de Marignan, les lansquenets suisses maniaient des piques longues de dix-huit pieds; maintenant les ouvriers suisses fabriquent des boîtes à musique, des coucous de bois découpé et des montres d'or et d'argent dont la dimension varie entre la pièce de cinq francs et la pièce de quatre sous. Un roi nègre de l'Afrique centrale échangerait cent défenses d'éléphant, son harem tout entier et la moitié de sa tribu contre cette petite boîte d'or ciselé dont à chaque heure le couvercle se lève pour livrer passage à un lilliputien oiseau d'émail qui lance des trilles étourdissans. L'industrie suisse ne s'est pas spécialisée uniquement dans les ouvrages d'horlogerie; elle est encore représentée à l'exposition par de vastes poêles de faïences peintes, de magnifiques tentures de cuir gaufré et mordoré, des parquets de marqueterie, de superbes lampes de filigrane d'acier, des verrières d'églises d'une coloration un peu crue et de beaux vitraux gothiques à armature de plomb. Mais les compatriotes de Töpffer ont une singulière entente de l'illustration des livres. En regardant de mauvaises reliures, nous avons ouvert un volume portant ce titre : *la Suisse primitive, ouvrage illustré par des citations de Schiller*. Si complète qu'elle soit, la bibliographie des livres à figures n'avait pas encore mentionné un livre illustré de citations !

On sait que la Belgique est, relativement à l'étendue de son territoire, le pays le plus peuplé de l'Europe. Les mêmes proportions gardées, c'est la Belgique qui au Champ de Mars a l'exposition la plus riche, la plus variée et la plus belle. Dans l'Allée des Nations, elle a construit un vrai monument, quand les autres états n'ont mis que des décors d'opéra. C'est une maison de ville, conçue dans le style large du XVIIe siècle flamand. La façade, composée de trois pavillons en saillie reliés par deux corps de logis à arcades, se développe sur une longueur de près de 60 mètres. Les murs sont de briques rouges, mais tout ce qui fait relief dans cet édifice profusément orné, frontons, pignons, encadremens, plinthes, chambranles, voussures, balustres, balcons, pilastres, colonnes, cariatides, est de granit gris et de marbre de couleur. La richesse des matériaux employés est en harmonie avec la belle ordonnance de l'architecture. Il ne fallait pas moins qu'un tel monument pour loger toutes les merveilles de l'industrie belge. Il y aurait ici à s'arrêter longtemps devant chaque objet : devant ces fauteuils, ces canapés de bois doré, imités du Louis XV, ces grands dressoirs de chêne sculpté et ces cabinets d'ébène de style renaissance, comme devant ces monumentales cheminées de marbre de style Louis XIV; devant ces luxueux parquets à compartimens de marqueterie comme devant cette magnifique décoration de lambris renaissance, sculptés dans le chêne blanc et décorés d'appliques de cuivre repoussé. Il faudrait décrire en détail ces riches orfèvreries d'église de style byzantin, ces faïences à décors de Delft, ces lustres et ces lampadaires de bronze doré, ces rutilantes reliures de maroquin à mosaïques ou de vélin à petits fers, ces glaces du Hainaut qui ne sont guère ni moins pures ni moins grandes que celles de Saint-Gobain, ces tapisseries peintes, ces délicates dentelles de Bruxelles, de Malines et de Bruges, enfin ces admirables tapisseries imitant les « tapis à hystoires » des vieilles fabriques des Flandres, ou brodant sur teinte plate jaune d'or des figures de reitres pleines de tournure. Dans toutes les branches de l'industrie, la Belgique tient magnifiquement son rang à l'exposition, tout près de la France, à côté de l'Angleterre et de l'Autriche-Hongrie.

Bien que de proportions moins vastes et d'une ordonnance moins monumentale que la maison de ville belge, la maison de ville hollandaise a aussi fort belle apparence avec sa façade empruntée au style hollandais du XVIIe siècle, où la pierre sculptée des parties en relief alterne avec la brique rouge des parties planes. A gauche de l'édifice s'élève une tour carrée surmontée d'un beffroi à aiguille de fer où le lion de Hollande tourne en girouette. Le côté pittoresque n'a pas été négligé par la commission hollandaise. Voici, dressés contre une toile de fond, figurant les vastes horizons des polders une vingtaine de mannequins revêtus des costumes populaires de la Frise et du Groningue. On peut encore visiter l'intérieur d'une maisonnette du pays. C'est une pièce unique, mais richement décorée. Jusqu'à hauteur d'homme, les parois ont un revêtement continu de plaques de faïence à dessin blanc et bleu; le haut des parois est de chêne, de même que le plafond, où se croisent des poutres apparentes. Des chaises, des escabeaux, deux dressoirs de chêne sculpté, surchargés de plats et d'assiettes de vieux Delft, et une sorte de grand buffet forment le mobilier. Par un des battans entr'ouvert de ce buffet, on aperçoit deux petits lits jumeaux, ménagés dans le meuble à la manière de ceux de nos paysans bretons. Ces dressoirs sculptés, ces appliques de faïence, ces collections céramiques, tout cela semble bien un peu luxueux pour des villageois; mais la Hollande réserve ces surprises. A Brook et dans d'autres petites localités, on est frappé, si on entre dans une maison, de l'air de luxe et de bien-être qui y règne. — La

Hollande n'expose pas seulement des costumes nationaux et des intérieurs de chaumières. Regardez ses beaux tapis de genre turc, ses meubles de chêne sculpté et de laque japonaise, ses étoffes et ses faïences, ses cruchons de liqueurs et ses tailleries de diamans. Étudiez surtout les plans graphiques et les modèles en relief de ses innombrables et magnifiques travaux d'art, digues, jetées, écluses, barrages, appareils de dessèchement ! Voilà des siècles que les Hollandais ne cessent de livrer bataille à la mer. La terre de Hollande, cette mince pellicule qui semble flotter sur les eaux, est toujours menacée par les revendications terribles de l'Océan ; mais les Hollandais sont là qui domptent le monstre. Les Grecs eussent rangé de tels exploits dans les travaux d'Hercule ; ils eussent célébré par une belle légende cette glorieuse victoire de l'homme sur la mer.

IV.

L'exposition française, si riche, si variée, si magnifique, est véritablement hors de pair. Ses tableaux et ses statues l'emportent, souvent par la puissance ou la finesse de l'exécution, toujours par la recherche du grand style, sur les envois des écoles naissantes ou renaissantes de l'Angleterre et de l'Autriche-Hongrie, de l'Espagne et de l'Italie. Et en France l'art industriel tient dignement sa place près de l'art, bien qu'il témoigne de moins d'originalité et de moins d'invention. En effet, l'histoire dira : l'école française du XIXe siècle, ou mieux les écoles françaises du XIXe siècle, comme elle dit : les écoles italiennes de la renaissance, tant on voit à ces deux époques la variété des genres, la multiplicité des créations, et la dissemblance des talens. Ingres, Delacroix, Rude, Decamps, Rousseau, pour ne citer que les morts, ont tous marqué dans leur œuvre leur originalité puissante. Ils sont venus après Raphaël, après Michel-Ange, après Véronèse, après Ruysdaël, après Watteau, et s'ils n'ont point égalé tous ces maîtres, au moins n'ont-ils pas voulu les imiter et ont-ils été, eux aussi, des créateurs. Au contraire, dans l'architecture et dans l'art industriel il n'y a qu'imitation, combinaison, arrangement. Le goût est partout, l'originalité nulle part. Il semble que, pareille à ces terres devenues infécondes parce qu'elles ont trop produit, la France ait perdu, depuis tantôt un siècle, le don de créer des formes.

L'impuissance créatrice de la France au XIXe siècle n'a d'égale que sa force dans les siècles précédens. Depuis Louis XII et François Ier, chaque règne a son style propre, absolument différent des autres, et toujours plein de grâce, de caractère ou de magnificence. Le Henri II n'est déjà plus du François Ier. Le Henri IV prépare la transition entre le style franco-italien de la cour des Valois et le style sévère de Louis XIII; mais moins capricieux et moins ornementé que celui-là, plus rude et moins élégant que celui-ci, il diffère de l'un et de l'autre. Après la sévérité pittoresque du Louis XIII vient la pompe grandiose du Louis XIV, puis la grâce coquette et charmante du Louis XV. Quelles dissemblances entre les trois styles! Mais l'invention est sans doute épuisée? Point. Pour Louis XVI, un nouveau roi, il faut un nouveau style. On redresse les lignes courbes, on remplace les chambranles contournés par les pieds droits rigides, on change en rangées de perles les guirlandes de fleurs, et le Louis XVI est inventé, avec sa sévérité feinte qui est comme la coquetterie de la grâce. Dans le Louis XVI, il y avait une vague aspiration vers l'antique. La révolution et le premier empire réalisent cette aspiration, qui donne encore un nouveau style, le style néo-grec. En trois siècles, en dix règnes, voici huit styles différens, depuis le style Henri II jusqu'au style Empire. Mais que de vaches maigres après ces vaches grasses! Où est le style restauration? où le style Louis-Philippe? où le style Napoléon III? où le style de la troisième république? En architecture, il y a les Halles centrales et certaines gares de chemin de fer, car nous ne voulons pas parler du nouvel Opéra, beau monument, mais qui est de tous les styles, et encore moins du prétendu palais du Trocadéro, qui n'est d'aucun style et qui n'a aucun style. — Un hémicycle d'arène gréco-romaine, qui, flanqué de deux tours quadrangulaires décorées à l'arabe, a pour centre une abside à hautes arcades en plein cintre et à baies pseudo-gothiques en arcatures! — En meubles, il y a des lits et des armoires à glace plaqués d'acajou et de palissandre, et des «poufs,» des «coins-de-feu,» des chaises longues et autres meubles capitonnés, c'est-à-dire informes, puisque le recouvrement d'étoffes est la négation de la forme et du profil.

Fort heureusement, l'ameublement français semble avoir renoncé à ce genre abominable. Reconnaissant son impuissance à faire du nouveau, il fait de l'ancien, mais il tâche à le faire avec le plus de soin possible; ne pouvant créer, il choisit de beaux modèles, et il les imite avec goût. Osons le dire, souvent la copie vaut l'original pour l'exécution. C'est à toutes les époques d'épanouissement de l'art industriel français et italien que l'ébénisterie contemporaine emprunte ses modèles; mais elle s'inspire surtout de la renaissance et du XVIIIe siècle. Parmi les meubles des époques de François Ier et de Henri II, il y a des bahuts, des crédences, des bibliothèques, des buffets, des dressoirs de noyer, de chêne ou de bois noir, avec frontons brisés et arrondis en valves, entablemens en saillie, sveltes colonnettes cannelées, nymphes et faunes en cariatides; il y a des cheminées monumentales sculptées en chêne, de grands lits de bois noir à colonnes torses et à dais de velours de Gênes, des cabinets d'ébène compliqués, remplis de petits tiroirs et de cachettes imprévues. Sur le bois courent les entrelacs et les arabesques d'ivoire, se modèlent les fines sculptures, s'appliquent les rectangles de lapis et de porphyre, brillent les émaux de Limoges ou s'encastrent les panneaux de bois sculptés, d'un ton de vieil ivoire. Le style Louis XIV est représenté par ses grands canapés et ses larges fauteuils de bois doré, dont les tapisseries d'Aubusson recouvrent les siéges, les dossiers et les bras; le style Louis XV, par de charmantes vitrines de bois doré, dignes de contenir les plus ravissantes figurines de vieux saxe, les tabatières d'or ciselé, les éventails pompadour, les pommes de cannes et les souliers de porcelaine. Voici encore tout un mobilier de même style, lit, chaises, consoles, tables, guéridons, chiffonniers, en vernis Martin. Sur des fonds rutilans, or, cuivre ou pelure d'oignon, fléchissent des guirlandes de fleurs, s'enchevêtrent les rinceaux capricieux et s'enlèvent de jolies figures peintes, groupes d'amours ou triomphes de Vénus. Ce lit, sos son dais empanaché de marabouts blancs, semble fait pour servir de couche à la fée Rocaille.

L'ameublement Louis XVI, plus sévère, mais non moins gracieux, ne se contente pas seulement du chêne sculpté, doré ou peint en blanc. Il prend des essences plus précieuses et plus variées, l'érable, le citronnier, le corail, l'acajou, le thuya, l'amarante. Voyez ce grand lit d'érable rechampi de filets de citronnier et de corail, garni de bronze doré et ciselé; voyez aussi ce bureau-cylindre d'acajou massif à garnitures de bronze doré, et ce piano à queue, véritable monument de thuya blond et d'érable, décoré de bronzes admirablement ciselés et de fêtes galantes peintes par Gonzalès. Dans les meubles où la fantaisie et l'invention ont plus de part, on remarque tout un intérieur de style néo-pompéien : siéges de chêne sculpté de forme antique, lambris de marqueterie de bois de couleur et panneaux d'étoffes brodées imitant les fresques ornementales de Pompéi. Cet ameublement n'est pas conçu sans goût, mais l'artiste est parti d'une idée fausse. La matière qu'il a employée n'était pas en rapport avec le style qui l'a inspiré. C'est un jeu puéril que de vouloir faire jouer au bois en applique le rôle du marbre en revêtement et à l'étoffe le rôle de la peinture murale. Il faut bien parler encore d'un intérieur d'une recherche précieuse et extravagante pour laquelle nous ne partageons pas l'admiration commune. C'est un boudoir somptueusement tendu au milieu duquel pose, sur une estrade de velours, un lit de repos de style Louis XV sculpté en bois doré, recouvert d'une courtine de satin rose où sont jetés deux coussins de satin blanc brodé de fleurs. Au-dessus du lit s'étend une double tente, la première de peluche bleu-de-roi, la seconde de soie brochée gris-perle. Ajoutez sur le tapis à fleurs une peau de tigre bordée de crépines d'or, et dans les angles de la pièce des chaises à vifs ramages et une console Louis XVI, de bronze doré, supportant une assez ridicule statue de l'Amour, et vous aurez l'idée de cet ameublement qu'envierait peut-être quelque Phryné à la mode, mais qui nous rappelle le mot du peintre Apelles à un de ses élèves : « Incapable de peindre ton Hélène belle, tu l'as faite riche, μὴ δυνάμενος γράψαι καλήν, πλουσίαν πεποίηκας. » Terminons cette revue par les tables et les chiffonniers laqués, les jardinières et les guéridons d'ivoire cloisonné, les meubles de bois noir à reflets fauves, imitant par la couleur et la sculpture les bronzes japonais, et les cabinets de laque verte ou rouge décorés de rinceaux XVIIIe siècle et de figures de magots.

Il faut d'ailleurs constater que l'ébénisterie française a un peu renoncé aux marqueteries de couleur, aux incrustations d'écailles et de cuivre genre Boule, aux ramages d'ivoire et de nacre, toutes choses que l'abus a rendues surannées. Le goût s'épure et va maintenant aux meubles plus simples, d'un seul bois, chêne, noyer, ébène ou bois doré, tout au plus orné, quand le style l'exige, de quelques rechampis d'or ou de quelques garnitures de bronze doré. On n'hésite pas à sacrifier au beau la richesse et l'effet. On ne cherche à relever l'humble matière qu'on emploie que par le style pur de l'ordonnance, la beauté des sculptures et l'excellence de l'exécution. C'est ainsi qu'on parvient à faire de véritables chefs-d'œuvre d'ébénisterie, comme cette petite bibliothèque de noyer, de pur style Louis XV, à vantaux cintrés demi-pleins, que décorent de fines sculptures, disposées avec autant de grâce que de sobriété et légèrement rehaussées d'or. Ce meuble, qui peut-être n'attire pas les regards de la foule, est une des merveilles de l'exposition.

Les critiques sont la garantie de la sincérité de l'éloge; aussi ne doit-on pas les ménager. Le tort des grands ébénistes français est d'exposer uniquement des meubles de haut luxe et de prix excessif, laissant ainsi à la fabrication courante, qui ne fait guère que la pacotille, le soin de meubler la plupart des appartemens et des hôtels. Il semble qu'en adoptant la plus stricte sobriété d'ornementation et en employant des essences communes, telles que le chêne et le noyer, on pourrait mettre à la portée des fortunes modestes des meubles qui, sans être luxueux, seraient cependant d'un goût irréprochable. On ne peut guère citer en ce genre à l'exposition que les mobiliers de sapin verni pour maisons de campagne et villas de bains de mer. Dans les meubles de luxe même, on pourrait reprocher aux fabricans de donner tous leurs soins à une série de cabinets, chiffonniers, consoles, guéridons et autres petits objets plus encombrans qu'utiles, au détriment de meubles d'une utilité absolue. De plus, s'agit-il des meubles utiles, il semble qu'on fasse le meuble pour le meuble et non pas pour ce à quoi il doit servir. Ce ne sont que vitrines trop petites pour y exposer la moindre collection, buffets où il serait difficile de ranger un service un peu complet, et bibliothèques où ne tiendraient pas cinquante volumes.

Qui donc a dit que le cadre est le proxénète du tableau? Les tentures jouent le même rôle relativement aux meubles. Placez un lit renaissance dans une chambre tapissée de perse à fleurs Pompadour et garnie de meubles et de rideaux de reps gros vert, et ce lit perdra tout son caractère et tout son effet. Parmi les tentures, les tapisseries sont la décoration la plus belle et la plus riche quand elles viennent des Gobelins ou de Beauvais. L'exposition de ces deux grandes manufactures est vraiment superbe. Les Gobelins exposent plusieurs panneaux de tapisserie d'après les maîtres, une *Visitation* de Ghirlandajo et le *Saint Jérôme* du Corrège, copie surprenante qui, sauf un peu de lourdeur dans le rideau brun et une grimace sur la bouche du divin *bambino*, a le charme et l'éclat de l'original. Regardons aussi les gracieuses figures exécutées pour le buffet du nouvel Opéra, d'après les dessins de M. Mazerolle. Le peintre a conçu avec beaucoup d'art et de fantaisie ces allégories du sucre, du café, du chocolat et même des glaces et de la pâtisserie. Ce sont de charmantes figures de femmes demi-nues, variées d'expression et d'attitudes, s'enlevant comme encadrées par les plantes qu'elles personnifient, sur une teinte plate bleu-vert d'une douceur infinie. Ces figures sur teinte plate sont plus décoratives et par conséquent conviennent mieux à la tapisserie que ces laborieuses copies de tableaux qui, si parfaites qu'elles soient, sont toujours imparfaites. Une *Sainte Agnès* en robe bleue sur teinte plate rouge est ainsi une œuvre hors ligne, ayant un vrai côté d'art, tout en restant dans le caractère décoratif dont ne devraient pas sortir les arts industriels. Voici encore un vaste tapis destiné au palais de Fontainebleau. De grands ramages de rinceaux s'enchevêtrent sur le fond, dont les rouges et les jaunes, les bleus et les roses, les verts et les blancs, très hardiment distribués, sont peut-être d'un ton un peu cru; mais, quand quelques années les auront atténués et fondus, ce tapis sera un magnifique morceau. Beauvais, qui, par la finesse du point et l'harmonie des couleurs, peut presque rivaliser avec les Gobelins, présente en quelque sorte comme thème un vase rempli de raisins dont les teintes tenues dans la gamme sombre atteignent à une rare vigueur. Nous aimons surtout ces panneaux roses ou blancs à motifs pompéiens, et ces siéges et ces dossiers de canapés où s'arrondissent des guirlandes de fleurs sur un fond rose, dont le ton exquis semble dérobé à la palette de Chaplin.

Mais la tapisserie ne souffre pas l'à-peu-près. Aussi avouons sans difficulté l'admiration médiocre que nous inspire la tapisserie d'Aubusson, surtout quand elle veut lutter avec les Gobelins pour la reproduction des tableaux ou des sujets animés. Tous ces panneaux d'après Boucher, Lancret, Natoire, Van Loo, Oudry, manquent de finesse, d'exactitude et d'harmonie. Ces contours sont durs et bavochés, ces fonds sont veules, ces figures sont gauches, ces physionomies sont bêtes. La tapisserie usuelle devrait renoncer à ces idylles, à ces mythologies, à ces fables de La Fontaine, et s'adonner exclusivement aux sujets décoratifs, comme les rinceaux pompéiens et les bouquets à la Louis XV, se détachant sur des fonds unis de teintes claires. Le principe de l'art industriel est la décoration : pourquoi toujours s'efforcer d'y manquer?

Quand la tapisserie n'est pas parfaite, on a raison de lui préférer les riches étoffes de soie des fabriques de Lyon, velours de Gênes à grands ramages, satins à semis de fleurs, lampas brochés, damas ton sur ton. C'est un régal pour les yeux qu'une promenade à travers les galeries de l'exposition lyonnaise. Il y a là des étoffes qui sont, comme la robe de Peau-d'Ane, tissées avec des rayons de soleil. L'imagination des dessinateurs jette sur les fonds éclatans des satins les plus capricieux motifs. Reliés par un encadrement de treillages roses où s'enroulent les tiges flexibles des plantes grimpantes, des paons la queue en roue et des coqs japonais se détachent sur un fond jaune paille. Ailleurs ce sont des roses qui s'épanouissent sur un lac de lait ou des fleurs des champs qui montent en gerbes dan un ciel turquoise. Les étoffes chinoises et japonaises ne sont ni plus brillantes ni plus magnifiques. Toutefois les soieries de Lyon ne peuvent lutter avec celles de l'extrême Orient quand elles veulent aborder les tons vigoureux et intenses, les rouges ardens, les bleus vibrans, les verts scintillans ; elles tombent tout de suite dans la crudité. Où elles excellent, c'est dans les nuances claires et atténuées, les tons tendres, les verts d'eau, les bleus dégradés, les jaunes paille ou maïs. Il est inutile de dire que ce n'est pas par l'impuissance de la coloration que pèchent les fabricans lyonnais, — ils font des étoffes ton sur ton de la couleur la plus franche et la plus vive, — mais par l'accord des tons. Ainsi il leur est impossible de marier sans dissonance le rouge et le vert et le vert et le bleu, justaposition hardie dont se jouent les Japonais et aussi la nature, qui a créé le plumage des perroquets et qui a mis la verdure des arbres sous l'azur du ciel.

A défaut de soieries et de tapisseries, il y a pour la tenture des murs ces admirables papiers peints dont la fabrication a fait de tels progrès depuis une dizaine d'années. Aujourd'hui les papiers peints imitent à miracle les cuirs mordorés, gaufrés et repoussés de Cordoue et des Flandres, les velours frappés ou brochés, les lampas aux nuances changeantes, les brocarts d'or, les tapisseries à sujets du XVe siècle, les belles verdures du XVIIe siècle, les revêtemens de stuc et de marbre et les appliques de faïences. C'est, à la vue, la même richesse de ton, la même intensité de couleur, comme au toucher c'est le pelucheux du velours, le relief du cuir estampé, le luisant de la soie, le grenu de la tapisserie, le froid et le poli de la faïence. En leur genre, les grands rideaux de tulle brodé des manufactures de Tarare sont aussi des œuvres d'art, encore qu'il y figure trop de vastes compositions mythologiques dont l'ordonnance doit être infailliblement dérangée par les plis qui couperont Vénus en deux et qui armeront Apollon du foudre de Jupiter. Dans toutes les branches de l'art industriel, on constate cette fâcheuse tendance à empiéter sur les beaux-arts, à reproduire des sujets qui n'appartiennent qu'à ceux-ci. Mettez donc sur vos rideaux, sur vos tapis, sur vos tentures tous les motifs d'ornementation inventés depuis trois mille ans, transportez-y la flore des deux mondes, mais laissez aux peintres la figure humaine. A côté de ses rideaux blancs, Tarare expose des rideaux de tulle de couleur, rouge, brun, bleu, noir, richement brodés en soie de fleurs, d'arabesques, d'oiseaux, et malheureusement aussi de figures. Les méplats du visage, déjà si difficiles à exprimer avec la mosaïque à petits points de la tapisserie, sont impossibles à rendre avec la broderie à points longs, à la mode chinoise, du tulle brodé. C'est pourquoi les Chinois, qui ne sont pas aussi Chinois qu'ils le paraissent, plaquent des têtes d'ivoire peint sur les corps de leurs petites figures de soie.

Une des rares industries où la France n'ait pas eu à prendre quelque leçon de l'Orient pour le luxe et le goût du décor, c'est la reliure, qu'elle a élevée à la hauteur d'un art. Dans ces reliures à compartimens d'entrelacs imitées du XVIe siècle, dans ces reliures à petits fers imitées du XVIIe siècle et dans ces reliures à larges dentelles imitées du XVIIIe siècle, nos relieurs font de vrais chefs-d'œuvre. Par le beau travail de la peau, la grâce et la netteté des dorures, l'assemblage soigneux des feuilles, ils égalent s'ils ne surpassent les modèles des Le Gascon et des Derôme. Mais là comme dans toutes les branches de l'art industriel contemporain, c'est l'invention qui fait défaut. Les plus beaux fers sont ceux qui sont copiés trait pour trait sur les reliures anciennes. Quant à ces reliures à croisillons de mosaïques surchargés d'or, qu'on ne peut d'ailleurs pas accepter tout à fait comme une innovation, elles ne nous paraissent pas dignes du maître relieur qui les a signées. La reliure n'a guère trouvé une voie nouvelle que dans les demi-reliures jansénistes et dans ces simples et proprets cartonnages de percaline, imités des cartonnages anglais, mais qui ont perdu sous la main de relieurs français leur lourdeur et leurs ornemens de mauvais goût. Les livres ainsi reliés ont un avantage inappréciable : ils s'ouvrent, — ce à quoi se refusent absolument les volumes reliés en maroquin par les plus habiles artistes et même par celui que des bibliophiles trop exclusifs reconnaissent pour le maître des maîtres.

Seule des anciennes fabriques de porcelaines de Chine, du Japon, de Saxe, de Vienne, la manufacture de Sèvres est restée digne de son passé. Elle a subi, il est vrai, pendant plus d'un demi-siècle, depuis le commencement du premier empire jusque ve s le milieu du règne de Napoléon III, une fâcheuse influence qui lui imposait des formes pompeuses et guindées et qui lui faisait multiplier tant de vases et de services de mauvais goût. C'est à cette période qu'appartiennent ces vases monumentaux bleu-de-roi décorés de bouquets de fleurs crus ou, ce qui est pis encore, de copies léchées de tableaux de maîtres, et ces services analogues à celui qu'on conserve précieusement au palais de Fontainebleau où sont reproduites toutes les vues des monumens de France. Mais aujourd'hui la manufacture de Sèvres est revenue à un sentiment plus juste de l'art décoratif. Les formes, sans perdre les lignes du grand style, se sont assouplies, les émaux brillent de tons superbes et variés, les décors pleins de grâce, de goût et d'imprévu, s'approprient bien à leur destination. Parmi ces vases, ces aiguières, ces potiches, ces cornets en camaïeu, en couleur ou monochromes, on remarquera surtout ces grands vases allongés où de sveltes figures de femmes drapées, rapportées en pâte, s'enlèvent en blanc lacté sur un fond vert tendre ou céladon. Il est de mode de se pâmer d'aise devant ces services de table unis ou relevés d'un simple filet d'or. Certes la pâte est d'une finesse, d'une légèreté, d'une transparence qu'on ne saurait égaler, mais rien n'est aussi antidécoratif qu'un pareil service. Nous préférerions presque les grossières assiettes à coqs des fabriques lorraines. Les décors de Sèvres sont imités avec succès par les manufactures de Vierzon. L'école d'application des écoles municipales de Limoges imite avec plus de succès encore le vieux saxe. Ce service à fleurs ferait, comme les histoires de Mme de Maintenon, oublier le rôti. Il y a aussi des groupes mythologiques et de coquettes figurines qui, s'ils ne valent pas tout à fait les saxes anciens, laissent bien en arrière pour l'harmonie des tons les saxes modernes.

Les faïences françaises ne méritent pas moins d'éloges. Admirons ces grandes faïences décoratives qui revêtent la façade sud du pavillon des beaux-arts : figures allégoriques d'Ehrmann, dessinées dans le style large et fier de la renaissance, et paysages de Gagger, d'une lumière intense. Il faudrait un tel portique à l'exposition des faïences, où Gien et Nevers montrent leurs services à décors bleus et jaunes, Blois ses reproductions de belles faïences d'Oiron, Longwy ses grands vases craquelés à décor persan. Il y a aussi des faïences métalliques, semées de perles brillantes sur fond noir des poteries peintes, des imitations de Moustier et de Vieux-Rouen, des plats et des aiguières où se tordent tous les reptiles de Bernard Palissy, des amphores et des bols de terre rouge sans émail, renouvelés de l'époque gallo-romaine, enfin une innombrable série de services de table, d'un caractère tout moderne où le caprice des artistes a jeté tous les hôtes des basses-cours, tous les fruits des vergers et tous les légumes du potager. Ces peintures, librement conçues dans le style japonais, à peine ombrées et symétriquement disposées, se détachent en vives couleurs sur l'émail blanc des assiettes. Vraiment, on ne peut croire qu'il y a à peine vingt-cinq ans on considérait un service relevé de filets bleu, vert ou or comme le dernier terme de la richesse ornementale et du luxe décoratif! Aujourd'hui, grâce à la quantité de modèles qu'a multipliés l'industrie céramique, chacun peut avoir, presque pour rien, un service dont les jolis dessins et les gaies couleurs sont la parure des nappes.

C'est tout justement l'exemple donné par les céramistes qui ont fait à bas prix les choses de goût, que nous voudrions voir suivre par toutes les branches de l'industrie du mobilier. On prête au ministre des beaux-arts, M. Bardoux, l'intention de rendre l'étude du dessin obligatoire non-seulement dans les lycées et les collèges, mais même dans les trente et quelque mille écoles primaires de France. Cette grande et féconde idée élèvera encore le niveau de l'art industriel. Tout ouvrier sera un artiste et, sans qu'il s'en doute, tout homme sera un juge un peu éclairé. Par la connaissance du dessin, — cette grammaire des yeux, — le goût s'épurera et s'avivera, et tomberont d'elles-mêmes les admirations imméritées pour le clinquant et le faux luxe. En Grèce, raconte Pline l'Ancien, une loi obligeait tous les enfans des hommes libres à apprendre le dessin. Une telle loi n'a-t-elle pas un peu contribué à former cette grande race d'artistes qui depuis les édifices et les statues jusqu'aux derniers vases d'argile n'a laissé que des œuvres parfaites?

Quand on voyage en France, — le pays de l'Europe qui est peut-être le moins connu des Français, — chaque ville réserve sa surprise! Comme monumens, comme musées, comme ruines, on croyait avoir tout vu et on s'aperçoit qu'on a encore tout à voir. A Lille, c'est une tête de cire unique au monde, à Caen, c'est le *Mariage de la Vierge*, à Arles, c'est le cloître de Saint-Trophyme, à Orange, c'est le théâtre antique. Il en est de même dans une visite à la section française de l'exposition. On a parcouru tant de galeries et tant de travées qu'il semble qu'on n'ait plus qu'à s'en aller, et cependant combien d'objets, d'industries entières même ont échappé aux regards! Nous avons parlé du mobilier, mais avons-nous parlé du mobilier d'église? L'omission ne serait point grave si les fabricans de Lyon, de Reims et du quartier Saint-Sulpice n'exposaient que ces autels d'albâtre d'un pseudo-roman, ces chaires de bois sculpté d'un gothique hétérodoxe, ces abominables statues peintes et ces affreux chemins de croix qui excuseraient une nouvelle persécution iconoclaste; mais ils exposent aussi de beaux retables Louis XIV de bois doré, un curieux tabernacle montant en orme de *Jérusalem céleste*, un autel de marbre blanc, mosaïqué de marbres polychromes, imité du style byzantin, un baptistère roman sculpté dans la pierre, et un banc de chapitre très fouillé d'un gothique lancéolé. Nous avons parlé des céramiques, mais avons-nous parlé de la verrerie et de la cristallerie? Or ces services de table taillés à facettes ou décorés de légers dessins gravés à l'acide fluorhydrique, ces grands miroirs à cadres en biseaux, ces lustres dont l'armature est heureusement déguisée sous les pendeloques et les chaînettes de cristal, ces torchères, ces girandoles, ces appliques, ces candélabres étincelans, cette glace colossale de Saint-Gobain, d'une superficie de 26 mètres, méritent bien description et éloge. On prisera moins ces verreries émaillées et cristallisées et surtout ces verreries opaques à décors de couleur. La beauté du verre es sa transparence; pourquoi s'efforcer de lui donner l'opacité du kaolin? Au centre de l'exposition des verreries, la fabrique de Baccarat brille comme un pur diamant. Sous une voûte de stalactites formée par les mille cristaux des lustres s'élève un grand kiosque de crista à colonnes corinthiennes, ou, à parler mieux, une sorte de monument choragique analogue à la Lanterne de Démosthène, qui dépasse par l'éclat et par la beauté tous les tableaux d'apothéose des féeries.

L'art de ceux qu'on appelait autrefois « les gentilshommes verriers, » qui soufflent, taillent, polissent et ornementent le verre, conduit naturellement à l'art des peintres verriers qui colorent le verre dans la masse ou le peignent avec des couleurs vitrifiables appliquées au pinceau et cuites à la moufle. A l'exposition, les vitraux des églises et des maisons, les verrières des transepts et les baies des escaliers, occupent une galerie entière. Ils sont variés de dimension et de couleur, de style et de sujets. Ici c'est un vitrail byzantin où se groupent des apôtres et des pères de l'église dans des robes raides d'or et pavées de pierreries; là c'est un vitrail roman dont la large bordure de fleurons en feuille de chou et d'animaux du bestiaire encadre des figures gauches vêtues d'accoutremens barbares. Plus loin c'est une grande verrière gothique à compartimens, que circonscrivent des rainures de plomb, qui représente les principales scènes de la Passion. Au centre de cette rose multicolore, étincelante comme un kaléidoscope, la colombe mystique déploie ses ailes ou la sainte face se nimbe d'un cercle d'or. Dans ce vitrail de baie monte l'arbre des sibylles. Dans ces médaillons se dessinent des têtes de saints ou de prophètes, interprétées avec la lourdeur romane, la convention byzantine ou la naïveté gothique. C'est là ce qui convient aux vitraux. Au contraire, ces stations de la croix « accommodées au goust de ce temps, » où les plis des draperies suivent les mouvemens du corps, où les ombres occupent leur place logique, où les plans sont marqués, où les fonds fuient dans la perspective, où les nus sont modelés avec vérité, presque avec réalisme, s'écartent tout à fait du principe même des vitraux. Quand on a demandé à Ingres et à Delacroix de dessiner des cartons pour les peintres verriers, nous pensons, quels que soient le respect et l'admiration que nous inspirent ces deux hommes, qu'on a obéi à une idée fausse. Une verrière n'est pas un tableau; sous peine de perdre son caractère, il ne faut pas qu'elle y ressemble. La beauté des vitraux, c'est l'éclat des couleurs, la translucidité des émaux; — les demi-teintes d'un modelé savant briseraient la lumière qui doit jaillir par grandes masses. — Leur caractère, c'est la convention des types hagiographiques, la naïveté de la composition, la simplicité des attitudes. Les maîtres contemporains ne sont point faits pour inspirer les peintres verriers, qui ne doivent copier que les Van Eyck et les pieux imagiers des psautiers. De même, pour les maisons modernes, il faut, si on ne veut des glaces unies, ces vitraux imités des vitraux allemands du XVe et du XIe siècle, où, coupés par les filets de plomb, se tiennent les varlets aux chausses mi-parties, les châtelaines aux robes armoriées, les reitres aux mines truculentes et les chevaliers aux heaumes à plumail et à volets. On peut encore admettre ces vitraux à compartimens renaissance, bariolés de monogrammes compliqués et d'écussons à lambrequins; mais on doit condamner tous ces anachronismes : motifs pompéiens et japonais, copies en camaïeu de

Téniers et de Brouwer, sujets et bordures Louis XV et Louis XVI. Comment les peintres verriers empruntent-ils des décors à ce XVIIIe siècle qui brisait les plus beaux vitraux des absides et des transepts, sous prétexte qu'ils obscurcissaient l'intérieur des églises!

A défaut de la transition par analogie, la transition par antithèse s'impose entre le verre, qui est symbole de fragilité, et le bronze, qui est symbole de solidité. L'industrie parisienne transforme le bronze en mille objets; elle le fond en statues, en groupes et en bustes, reproductions des chefs-d'œuvre de l'antique et de la renaissance et des œuvres des maîtres contemporains; elle en fait des pendules, des chenets, des lustres, des lampes, des candélabres, des torchères; elle le cisèle, elle le modèle, elle l'ajoure, elle le dore, elle l'argente, elle l'oxyde, elle le relève d'émaux, de plaques de porcelaine et de marbre, de losanges d'agate et de lapis. Dans l'exposition des bronzes d'art, on remarquera surtout une monumentale horloge de style renaissance, de bronze doré ciselé, décorée d'émaux et de colonnettes de porphyre rouge.

Des bronzes d'art ainsi conçus et ainsi travaillés aux merveilles de l'orfèvrerie, il n'y a de différence que dans la valeur du métal. Donc voyons maintenant ces surtouts de tables et ces services de toilette d'argent ciselé et repoussé, ces exquises pendules renaissance, ces flacons de cristal de roche montés en or, ces bonbonnières guillochées, ces coffrets dont Frémiet a sculpté les figures et dont Claudius Popelin a peint les émaux, ces soupières et ces cafetières imitées des anciennes argenteries Louis XV, ces ostensoirs de vermeil, ces cadres de miroirs à main au repoussé, ces châsses, ces dyptiques, ces crosses pastorales, ces saints-ciboires, ouvragés, couverts de pierres fines et de gemmes, ces coupes d'agate, de girasol, de jaspe sanguin, montées en or, et ces statuettes d'argent ciselé que ne désavoueraient pas les Florentins du XVIe siècle. La valeur du métal n'est plus rien comparée à la finesse et au mérite du travail. Il en est un peu de même d'ailleurs dans la joaillerie. Les vitrines de nos bijoutiers, pleines de rivières de diamans, de colliers de perles, de bracelets et de diadèmes de pierreries, de boutons d'oreilles de brillans énormes, montrent autant d'art dans la monture et dans l'invention des formes que de richesse dans la matière. Parmi ces joyaux, une broche faite de trois saphirs est estimée 2,500,000 francs. Le plus bel éloge à faire des joailliers français, c'est dire qu'ils sont dignes de monter de telles pierreries.

Les expositions universelles, profitables aux autres nations, sont inutiles à la France. Les œuvres de son art et de son industrie ne sont-elles pas répandues par toute l'Europe à laquelle elles servent de leçons et de modèles? Et Paris, avec ses salons annuels, ses vingt musées, ses somptueux magasins qui sont aussi des musées, et ses milliers de boutiques qui sont des vitrines, avec enfin ses diverses expositions que multiplient l'état et les particuliers à l'École des Beaux-Arts, au Palais de l'Industrie, dans les cercles, chez les marchands de tableaux, Paris n'est-il pas un exposition permanente? Mais si la France n'a rien à gagner aux expositions universelles, elle n'y risque rien. Quand la France appelle les nations à ces luttes pacifiques, elle les convie à venir décréter son triomphe. En parlant ainsi, nous constatons simplement un fait manifeste, nous n'entonnons point un dithyrambe patriotique. Nous estimons que les victoires du travail n'effacent pas les défaites de la guerre. Il y aurait danger pour un peuple à penser autrement, car l'histoire ne donne pas d'exemple d'une nation résignée à la perte de son rang chez laquelle l'éclipse des arts, des lettres et de l'industrie n'ait suivi de près la décadence militaire. On appelle volontiers les arts et les lettres les fruits de la paix, *pacis fructus*. Il semble au contraire qu'ils naissent et qu'ils se développent dans les fureurs de la guerre, comme l'éclair jaillit du choc des nuées. C'est après Salamine et Platée que s'épanouit le génie hellénique; c'est après les longues guerres de César que chantent les poëtes latins. Le magnifique éclat de la renaissance italienne resplendit au milieu des batailles, des assauts, des massacres des guerres civiles et des guerres étrangères. Quand l'Espagne a Cervantes, l'étendard des Castilles flotte sur le Nouveau-Monde et est redouté sur les champs de bataille de l'Europe. Quand l'Angleterre a Shakspeare, ses sodats et ses marins vainquent sous Raleigh, sous Drake et sous Essex. La grande époque de l'art dans les Pays-Bas correspond aux temps où les Provinces-Unies recouvrent leur indépendance avec les Nassau et deviennent maîtresses des mers avec Tromp et Ruyter. A l'heure où Herder, Schiller et Gœthe écrivent, l'Allemagne combat ou arme. La France a porté trois siècles la double couronne des armes et des lettres; et c'est à l'écho des canonnades de Valmy et d'Austerlitz que sont nés les hommes qui ont fait le grand mouvement intellectuel de 1830.

BIBLIOTHÈQUE NATIONALE R.F. IMPRIMÉS

1169. — PARIS. — Impr. J. CLAYE. — A. QUANTIN et Cᵉ, rue Saint-Benoît

www.ingramcontent.com/pod-product-compliance
Ingram Content Group UK Ltd.
Pitfield, Milton Keynes, MK11 3LW, UK
UKHW021516260726
13993UKWH00004B/1706